U0135598

好想法

相信知識的力量

the power of knowledge

寶鼎出版

其實，
你一直受習慣擺布
MAKING HABITS, BREAKING HABITS

Why We Do Things, Why We Don't, and How to Make Any Change Stick

為什麼只是改變習慣步驟，
就能更有創意、成功塑身、工作有效率？

JEREMY DEAN

傑若米・丁恩——著
呂亨英——譯

CONTENTS
目次

PART 1 習慣的分析

PART 2 日常的習慣

PART 3 改變習慣

PART I 習慣的分析

ANATOMY OF A HABIT

01

BIRTH OF A HABIT

少了習慣，正常生活都脫軌：習慣的形成

本書會以一個看似有簡易答案的簡單問題起頭：養成一個新習慣需要花多久的時間？比方說你希望能定時到健身房運動、多吃水果、學習一個新語言、結交新朋友、學習彈奏新樂器、或者是從事任何一種需要你付出努力與時間的定期活動。但是這種活動究竟需要多久的時間才能成為你生活中的例行事務，而不會變成你必須強迫自己去做的某件事呢？

於是，我用現代多數人使用的相同方式去尋找答案：用谷歌（Google）搜尋。這項結果顯示出的答案是清楚明確的——大部分列在首頁的答案都將神奇的「二十一天」這個數字列為參考。

這些網頁認為根據「研究」（作者提出所謂的引述，聽起來都相當合理）發現，如

果你持續在二十一天中每天都重複做某件行為，就可以形成一個新習慣。但是這些報告都沒有深入探討這些行為是哪種行為、或是必須在哪種狀況下重複這些行為，它們只提到「二十一天」這個數字。運動、抽菸、寫日記、或是側空翻，你所能想到的所有行為，都可以在實行二十一天後變成習慣。除此之外，許多作者建議很重要一點就是，一定要持續維持二十一天而不間斷。但是到底這個數字是哪裡得來的？我是一個有研究背景的心理學家，因此我很自然地想看到支持這項大膽說法的參考資料，但是我找了半天卻一點證據都找不到。

二十一天養成新習慣的說法，可信嗎？

接著，我把研究轉到圖書館。我發現有很多種說法，都圍繞著這個數字的來源打轉。毫無疑問地，我最喜愛的來源是一位名叫麥斯威爾·莫爾茨（Maxwell Maltz, M.D.）的整形醫師。莫爾茨醫師在一九六〇年出版了一本書叫做《身心合一——讓生命更充實的新方法》（*Psycho-Cybernetics*），書中談到被截肢者需要二十一天才能調適失去肢體的心理，因此他提出一般人也需要二十一天才能從生活中的重大改變中調適過來。他還寫到這種模式也發生在臉部開刀的病人身上。他發現需要二十一天的時間，這些病人的自尊才能提升到接受自己新近創造出的美麗臉龐、或是仍然處於開刀前的程度。

從此之後，「二十一」這個數字就在撰寫自助書作家身上起了驚人的作用。書店裡到處都陳列了一些書名如《二十一天培養出百萬富翁的習慣》、《二十一天獲得節儉的生活方式》、《二十一天讓自己吃得更好》，以及抱持最大希望的《二十一天的挑戰：二十一天幾乎可以改變任何事》（起碼它承認這可能是個「挑戰」！）但是有時候二十一天的時間會有點太樂觀，因此我們會有多一個星期的時間來改變自己。這種比較寬容人性的書名包括《二十八天終結你對發胖食物的渴望》。

不管是二十一天還是二十八天，很清楚的一點就是我們吃的食物、如何花錢、或是所做的任何事，都跟失去一隻腿或是整形沒有太大的相似之處。將莫爾茨醫師對病人的觀察，廣泛應用在幾乎所有人類的行為上，充其量只是過度樂觀。但是當你考慮到習慣的多樣性時，這種過度樂觀的態度更是明顯。

比方說開車上班、避免踩到人行道上的裂縫、想著球賽、遛狗、吃一盤沙拉、訂一張飛往中國的機票，這些都可以成為習慣，而且它們牽涉到我們許多不同的生活層面。平心而論，莫爾茨並沒有發明所謂二十一天的框架，只是很多相關來源的故事解釋了這個數字的出處，而且，絕大部分都沒有什麼科學的根據。

但是多虧了最近的研究，我們現在可以大略知道一個習慣的養成需要多久的時間。

根據倫敦大學學院（University College London）的一項研究，他們要求九十六位測試者選擇一項他們希望變成習慣的日常行為。他們都選擇了可以每天重複、但是卻還沒有採取行動的行為，而這些行為大部分都與健康有關，例如他們選擇了像「午餐時多吃一份水果」、「晚飯後跑步十五分鐘」等等。在八十四天的研究期間，他們每天都會登入某個網站報告他們是否做到這項活動，以及這項活動變成自動性的感受成分有多大。我們等一下在後面就會看到這種不須經過思考的活動——也就是「**自動性**」，**就是習慣最重要的核心因素**。

所以呢，最大的問題出現了：要養成一個習慣究竟需要多少天？最簡單的答案就是所有參加實驗者平均在六十六天之後，才把一個行為培養成習慣。而且跟一般看法不同的是，如果他們在期間跳過一兩天沒有進行這項活動，並不會影響到習慣的形成。但是複雜的答案就比較有趣了（否則這本書幾頁就寫完了）。

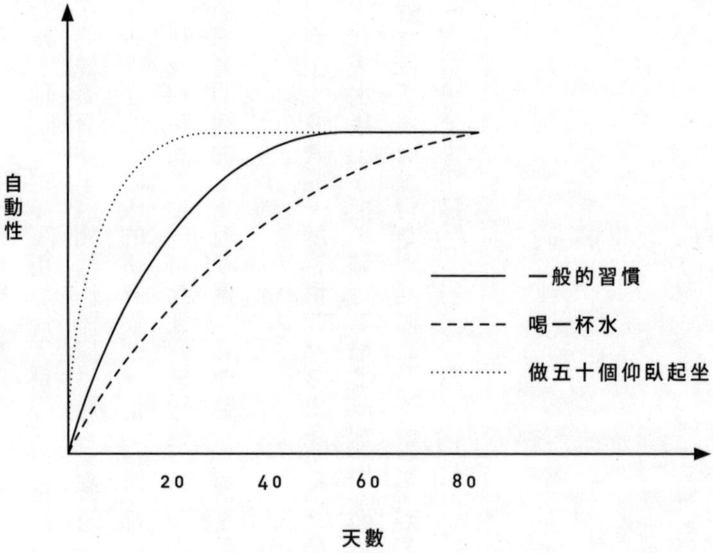
自動性
一般的習慣
喝一杯水
做五十個仰臥起坐
20
40
60
80
天數

平均來說，六十六天就可以培養出一個習慣。喝一杯水的習慣，在二十天之後就達到最大的自動性；培養五十個仰臥起坐的習慣，則已經超過八十四天的研究期。

比多喝一杯水更困難、更強的習慣，需要更長的養成時間

你可以看到每個習慣的培養期出現了很大的差異，而這一切都必須取決於人們想要養成哪種習慣。對那些只想培養在早餐後喝一杯水習慣的人，最多約在二十天後就會養成自動的習慣，但是對那些想在午餐多吃一份水果的人，起碼要花上兩倍的時間才能把它變成習慣。養成運動習慣的問題是最微妙的，對一位測試者而言，「早上喝完咖啡後，做五十個仰臥起坐」在八十四天期滿之後，還是無法變成習慣。但是對另一位測試者來說，「早餐後走路十分鐘」在五十天之後就變成習慣了。

圖表顯示出這項研究發現「重複一個習慣」與「自動性」之間呈現一個弧形關係，也就是說在習慣形成之前，早期的重複習慣所產生的效果是最大的，但是隨著時間流逝，這些效果就逐漸減少。這就像是想要快步登山，剛開始時坡度緩和、但是後面山坡卻愈來愈陡一樣。你可以在一上山的時候大步邁進，但是愈靠近山頂，你就必須付出愈大的努力。對少數測試者來說，新習慣不會很自然地形成。說實在的，整體而言，研究者對

習慣形成的速度之慢感到驚訝。雖然這個實驗的測試期只有八十四天，如果根據曲線推斷的話，可能有些習慣會需要二百五十四天才能形成——這幾乎快要占去一年的時間！

這項研究所暗示的就是，如果你的目標只是在早餐後多喝一杯水，那麼二十一天形成新習慣的說法可能是對的。任何一種比多喝一杯水更困難、更強的習慣，就可能必須多花一點時間才能形成，而且對某些活動來說，時間可能還會更長。莫爾茨醫師與他的支持者根本是離了譜，而那些保證幾個星期就能形成習慣的書籍也樂觀過了頭。當然了，這項研究也開啟了一連串全新的問題。這些測試者只想要養成新的習慣，那麼我們已有的舊習慣呢？如果他們將證明有用的心理學技巧運用在習慣養成的實驗上，那會是什麼結果呢？還有，這個實驗並沒有告訴我們習慣的感覺是什麼、我們的體驗又是什麼、或是習慣可能在哪裡發生。

• • •

我們整天真的在忙什麼？有些忙碌的日子一轉眼就過去，而我們根本不太記得那天做了什麼。不管是在上班或是在家無所事事，如果可以確切知道我們如何利用時間、而且確定哪一部分的活動是我們的習慣，會是個有趣的研究。不幸的是，我們之所以不太能記得習慣性的行為，是因為習慣具有自動性的特性。因此，與其依靠我們腦中的記憶，心理學家用比較可以提供人們活動全貌的「日誌研究」來做記錄。

在一項由習慣研究學者溫蒂．伍德（Wendy Wood）所領導的研究中，有七十個德州農工大學（Texas A&M University）的學生收到了一只鬧鈴錶。在他們清醒的每一個小時，鬧鈴就會響起，提醒他們寫下那一刻他們正在進行的活動、思想以及感覺。這個實驗的目標不只是要建立一份活動名單，而是要看活動是在哪一種情境中發生。在兩個不同的研究中，**研究者發現差不多有三分之一到一半的時間，人們所進行的都是可以被視為習慣的活動。這表示我們在清醒的時間內，最多會有一半的時間，都在從事某種習慣行為。**甚至這個高比例的數字可能是低估的，因為測試者都是年輕人，他們的習慣還沒有機會成形。

那麼在伍德研究中的測試者到底在做什麼呢？因為他們是學生，因此他們最大的活動類型就是讀書。讀書的內容包括上課、看書、上圖書館，而這些活動林林總總合起來占了日誌記錄的百分之三十二，而其中約有三分之一被視為是習慣性的。下一個活動類型是娛樂，測試者有百分之十四的時間從事這項類型的活動，其中包括看電視、上網、聽音樂，而這次的習慣行為則高達百分之五十四。再來就是社交互動，測試者有百分之十的記錄顯示這類型的活動，而其中有百分之四十七被視為是習慣性的行為。最沒有習慣性的活動類型是打掃，其數字低到只有百分之二十一，而最具有習慣性的類型就是睡覺和起床，這種活動高達百分之八十一（起碼他們沒有隱藏自己懶惰、散漫的天性！）。

習慣可以保護你不受「決策疲勞」

比這些學生活動內容（特別是對我們這些非學生而言）更重要的是習慣的特質。它的感覺是怎麼樣？我們的大腦在做什麼？從這項研究以及其他研究中，**顯示出習慣的三種主要特質：第一、當我們從事習慣活動時，只有很模糊的印象**。比方說像開車上班時，你不會特別注意到紅綠燈。你知道你有部分的注意力會去注意紅綠燈、其他的開車族以及開車限速，但是通常你不會特別記得你所做的。在伍德的研究中，參加實驗者對於他們的習慣行為，也做出了這種只有模糊印象的報告。當他們跟朋友聚會、看電視、或刷牙時，他們報告說只有百分之四十的時間會想著他們正在從事的活動。但是這卻是習慣最大的好處之一：它讓我們可以脫離現實、想著像周末要去哪裡玩這類的事情。習慣讓我們大腦中有知覺之處，可以去神遊，而讓我們無知覺的部分，去處理那些乏味、反覆的行為。**習慣可以保護我們不受到「決策疲勞」的侵襲：因為光是「下決定」這個行為，就會把我們頭腦的精力消耗殆盡**。只要事情能在自動的狀況下完成，我們的處理能力就可以自由運用在別的想法上。

但是習慣不只是在認知上產生無感，它在情感上也是如此。**這就是習慣的第二個特質：從事習慣行為時，人們會出現意想不到的冷漠態度。**為什麼會出現這種狀況呢？其中的原因就是因為習慣是種反覆行為，因此它會失去感情元素。這種情形跟生命中其他的事物一樣，就是**一旦我們習慣了，我們的反應就會減輕**。

情緒研究學者尼可．福吉達（Nico Frijda）將這種特性視為情緒的規則之一，而且適用於快樂與痛苦兩種相反的感受。我們一度將其視為痛苦的行為——例如早起去上班這類的活動——會因為一直重複而變得不那麼痛苦。相反地，原本會給我們帶來刺激或快樂的事物——如性行為、啤酒、聆聽貝多芬的七號交響曲，這類的快樂也很快地變得稀鬆平常。當然了，我們會去尋求變化，想對流失的快樂做出反擊，而這項策略有時候也會奏效。這就是為什麼有些人會一直想去測試經驗的極限，為的只是得到相同程度的快感。

但是，這不是說我們在從事習慣行為時是沒有感情的，只能說我們所感受的情緒通常和我們的習慣行為比較不相關，但是卻會跟我們當時神遊所想的事物比較有關。溫蒂．伍德的研究指出，在檢視實驗者報告的情緒經驗時，研究人員就發現了這個相同的模式。在與非習慣行為比較之下，當人們在從事習慣行為時，他們的情感模式傾向於不變。除此之外，與從事非習慣性的行為時相比，人們從事習慣行為所感到的情緒，會跟他們所從事的活動比較無關。其實，習慣行為不會引起強烈的情感反應是習慣的一項優點。這項研究的測試者覺得比起非習慣的行為，在從事習慣的活動時，他們覺得比較有掌控權，壓力也不會那麼大，但是當測試者從習慣的行為轉換成非習慣的行為時，他們的壓力指數就增加了。

習慣的第三個特質則是它明顯到我們根本忘了它的存在。也許在某種程度上，這是習慣的自動性本質所帶來的結果。讓我們舉一些日常生活最典型的例行事務為例：你早上起床、走到浴室淋浴……接著你坐上車、打開你最喜愛的電台節目……接下來在咖啡店，你點了一個藍莓馬芬蛋糕……「情境」在這些狀況下就是聯結點。**我們在相同狀況下會傾向於做相同的事情。習慣最初的形成，其中部分原因就是由這種情境與行為之間的對應狀況而促成。**

情境與習慣的高度聯結

將情境與某種特定行為做聯結，最令人耳熟能詳的，莫過於由俄羅斯生理學家伊凡．巴甫洛夫（Ivan Pavlov）所做的實驗。在巴甫洛夫最聞名、利用狗進行的研究中，他成功地將「餵食」與「鈴響」先創造出一個聯結。接著，等過了一陣子之後，他試著按鈴但是卻不餵狗。在後面這個實驗中，他發現雖然沒有餵食的動作，但是狗聽到鈴響之後，還是繼續分泌唾液。上面所說的浴室、車子、咖啡店就像是巴甫洛夫的鈴響，在我們無知覺的情況下，它們會提醒我們長久以來養成的行為模式，我們接著就會做出跟以前一樣的反應。這個理論可以在人類行為研究中得到佐證，因為實驗顯示人們在相同的狀況之下，會傾向於做出相同的行為。在上述的「日誌研究」中，大部分的行為如社交、洗澡及閱讀，都是在習慣的相同地點進行。

情境對習慣養成的重要性，在你搬家或換新工作時，就會很清楚地顯現出來。當你搬到一個新房子時，你會忽然發現最簡單的工作也會變得很困難。比方說做三明治會變得很麻煩，因為你得一直去想，到底刀子和盤子放在哪裡。不只是簡單的事變得很困難，你的所有作息習慣全部都會被打亂。從早上起床到晚上睡覺，所有的工作都讓你覺得好像是新手上路一樣。甚至你會發現自己把舊習慣帶到新家，但是卻一點幫助都沒有，因為所有的東西都移位了，你熟悉的行為都變得很失敗。換新工作的情況也一樣。以前你在辦公室就好像有自動導航系統一樣，可以順利完成所有工作，但是到了新環境以後，一時之間，你會覺得好像是「如魚缺水」般地難以適應。

在人們如何適應環境改變的研究中，心理學家見識到了情境背景的重要性。有一項研究是追蹤學生轉學到另一所新大學時的行為習慣。這些學生被問及在轉學前跟轉學後看電視、看報紙與運動的頻率。他們也被問及在進行這些習慣行為時的情境為何，例如他們對情境的感覺、身在何處，以及當時是跟誰在一起。這些問題的答案，可以建構出在他們從甲地搬到乙地時，情境是否真的改變了。比方說，很可能地點改變了，但是整體的情境並沒有改變。就像旅館的房間一樣，宿舍房間每一間看起來都一樣，因此很可能他們不覺得有什麼太大的改變。

根據參加實驗者的報告，當他們從甲大學轉到乙大學時，情境背景在改變習慣上占有重要的地位。他們發現如果他們想少看電視多運動的話，在轉學之後會變得比較容易，這是因為**新環境沒有那些可以引起舊習慣的熟悉暗示**。沒有了這些暗示，我們的自動導航系統很難平順操作，因此我們會有意識地詢問自己應該怎麼辦。這就是為什麼搬家就跟度假一樣：不用做你所習慣的日常事務，因此你必須不斷自覺地去想你接下來要做什麼事。這種情況也發生在這些學生身上。與其自動地去看電視或看報紙，他們比較可能去想：「我今天計畫做什麼？」以及「我現在到底想做什麼？」這樣一來，一個含有各種可能的世界就被開啟了。

這個感覺平淡無奇的名詞「情境」，也可以包含其他人。不管我們有沒有注意到，旁人都會對我們產生很大的影響。研究學者在這項研究中發現，參加實驗者的行為會因為旁人的行為改變而被干擾。比方說，學生報告說如果他們身邊的人改看另一份報紙，他們也會改變自己的閱報習慣。這並不是說我們會去模仿別人，只是他們有可能會讓我們改變習慣。這個實驗與另一個發現相符合，就是跟與他人居住的人比較起來，獨居的人報告說他們每天的行為會是比較習慣性的。也就是說外人會擾亂我們的日常作息，但是這種情況有時候是好的，有時候是壞的。

我們現在知道習慣是如何形成，是什麼感受，以及它們在我們日常生活中占有多大的地位。另外**習慣也有三個特性：第一、在沒有知覺、特意的狀態下，我們會自動進行習慣行為。第二、習慣行為本身很少會引起情感上的反應或波動。第三、習慣會深深地在引起習慣行為的情境中扎根。**除此之外，我們也了解到各個習慣的養成時間會出現很大的差異。那麼到底我們對自己的習慣有多大的掌控力呢？而且如果我們想要做出改變，到底會多容易？

02

HABIT VERSUS INTENTION: AN UNFAIR FIGHT
習慣與意圖的對決：一場不公平的戰爭

我們相信習慣是因為我們的意圖所產生的。如果我想要養成某種習慣，我就應該一定做得成。比方說我決定以後不吃白土司，改吃全麥吐司，接著，我在店裡持續購買幾個星期的全麥吐司；因為土司很合我的口味，所以我會一直購買。每一次的重複購買，這個習慣的強度就增強一點，在幾個月之後，我根本不用經過大腦思考，就會直接從貨架上拿全麥吐司。因為我想要吃得健康一點，所以我成功了。這種同樣由意圖養成習慣的過程，可以在我們生活的各個層面中都看得到：例如學騎腳踏車、跳舞、或是做菜。**每個人身體力行的活動，在經過一段時間之後，就會變成自發性的連續行為。**

相同地，思維上的習慣也是這樣形成的；因為我們的意向會導致習慣性的想法。

比方說你總覺得某個朋友很自私，但是你可能會覺得這個想法有點太過分。接著你會在腦中特別注意，刻意提醒自己去看對方行為中比較厚道的一面。結果你注意到對方會請你喝杯飲料、傾聽你所吐的苦水，雖然這都是小事，但是你已經開始往正確方向前進。果不出其然，你開始認為他比較不那麼自私。在不知不覺之中，你對朋友習慣性的看法已經改變。

意圖影響了習慣的養成嗎？

我們的思考習慣可以如此改變，要完全歸功於我們有一個擅長察覺模式的頭腦；其實這也是大腦的主要功能之一。**透過刻意的意圖，我們可以感受尚未成形的模式與把模式變成習慣的能力，幫助我們達到比較複雜的目標。**

以下是一個古典心理學研究的例子：測試者坐在電腦螢幕前快一個小時，按下桌上四個與螢幕上出現十字位置相對應的按鈕。毫無疑問地，這是個很無聊的動作，但是實驗的設計者在這裡面留了一手。參加實驗者完全不知道十字出現的位置是有模式可循的。雖然這個模式沒有讓測試者察覺，但是在實驗的進程中，他們的反應開始變快——也就是說他們學會了這個模式。但是在事後的訪談中，沒有一個測試者注意到有任何異樣：他們不知道自己已經學會了這個模式。雖然這個研究是有關潛意識的學習，但是它顯示出思考習慣可以從既有模式發展。在這裡，一項潛意識的學習過程是為了達到更高一層的意圖：也就是說要得到優良的測試成績，並且讓實驗設計者滿意。

當你學會投籃或是把車倒入到一個很小的停車格，這個行為就是大腦潛意識學習過程的肢體動作版。許多很小的、潛意識的行為組合起來之後，是為了成就一個更大的、有意識的目標：投籃或停車。在大腦的境界裡，數學就是這項組合過程的早期案例。在學校中，我們學習可以利用數字的一系列算法來達到目標：比方說我們要算出同班同學的平均身高。雖然剛開始在學習這些基本算法（加法或減法）時，可能對年輕的大腦來說是很痛苦的，但是它們很快就變成第二天性。之後，我們幾乎在不需要刻意的情況下，就會自由運用，讓我們能夠完成更加複雜的計算。這個例子再一次證明某項大腦或肢體的操作，可以協助我們完成一系列更高一級的目標。

我們很直覺地認為習慣是完全為了達成我們的目標而形成（請不要忘記壞習慣也是有目標的，雖然其目標可能是不好的，例如用一醉解千愁這類的）。事實上也沒錯，人們的習性愈強，他們愈會相信這些習慣是有其目的存在的。

這種直覺認為意向會直接導致習慣的形成，絕對不只是一般人的理解。許多有影響力的心理學家都提出過相同的意見。長期以來，大一心理系的新生都被灌輸「意圖」是預測行為的主要關鍵。他們所學習、具有冠冕堂皇名稱的理論包括「人與人之間行為的模式」、「計畫性行為的理論」，以及「理性行為的理論」，這些全都說明當我們意圖形成的時候，它會帶領我們做出符合這項意圖的行為。這些都是深具影響力、跨越不同從屬的心理學學說，而且這些學說也是許多研究的基礎。

意圖和習慣的因果關係可能是相反的

但是現在這些理論被人質疑，為什麼呢？因為就像我們的直覺理解一樣，這些理論並沒有呈現出全貌。我們可能認為我們的意圖會直接灌注到習慣上，但是在很多情況下，這種狀況是不會發生的。之所以我們會去抵抗這個想法，是因為它直接打擊到我們的自由意志。我們喜歡認為每件事的發生都有其原因，而其中一個原因是因為我們決定讓事情發生，或是最起碼是有別人讓這件事發生。但是習慣形成的源頭不只限於我們的意圖，而且有些研究的結果可以證明這一點。

對我們主觀意識更大的打擊，就是很可能意圖和習慣的因果關係是完全相反的。有時候我們會不知不覺地從習慣中推論我們的意圖。也許當初習慣的形成完全是個意外，但是只要這項行為背後沒有強烈的動機，我們可以在後來從自己行為中推斷當時的意圖。比方說我會每天下午到公園走一走，而且每一次我都有一條固定的路線。在這條路線上，我會經過一個有野鴨的池塘。當人家問我為什麼會走這條路時，我可能會說我喜歡看人餵食野鴨的情景。但在事實上，我只是在完全隨機的狀況下，第一次走了這條路，然後覺得第二天再走同一條路也無妨。等到這個習慣形成，我嘗試著想找出為什麼會走這條路的原因時，野鴨的影像就跳到我的腦海裡。結果是我從原本只是隨機的選擇，推想出一個當時的意圖。

我們知道人們經常做這種回溯性的思考，而且真的會相信自己所編出來的故事。**在心理學研究一個有名的例子就叫做「認知失調」**。**這個理論說明我們不喜歡在同一時間出現有兩個相互矛盾、但是都是事實的想法**。在半個多世紀前所做的研究顯示，**當人們被引誘做出的某種行為與自己的信念不合，他們乾脆就改變信念來符合自己的行為**。這就像是有人最後花了太多錢買新車一樣。這種最終行為與當初計畫產生牴觸的做法，本來應該讓他們覺得愧疚，但是相反地，他們寧願去說服自己說這部車多花一點錢是值得的。這就是我們天生想把思想與行為維持在一致、協調狀態下的結果。每個人都要說自己是對的，而我們最能說對的一件事就是關於我們自己。回溯性的思考就可以讓我們做到這一點。

但是在做這種回溯性思考時，我們應該很清楚地了解這是自己刻意做出的行為吧？

很不幸地，我們很難察覺到這種不自知的過程。在一次又一次的實驗中，心理學家可以在參加實驗者毫無自知的狀態下改變他們的想法。在一項有關態度的研究中，實驗者根據一個問題，不斷地用各種理由說服測試者，要他們改變對這個問題的想法。最後在輪番的疲勞轟炸下，測試者很明顯地就改變了自己原來的思維。話雖如此，這些測試者事後卻說這些論點並沒有影響到他們；他們認為自己的新態度就是他們長久以來一貫的想法。看來政客們不是唯一會推翻自己當初信念的人，我們每個人都有能力做到這一點。

• • •

探討到此時，我們可以看到出現了兩個極端：**第一、我們為了達到某種目的，特意創造出某種習慣。第二、我們會從行為中，推論出當時的意圖。**但是在真實生活中，這兩種過程會在同時發生，而習慣就是我們意圖與過去行為的合體。在這裡就出現了一個很關鍵的問題：到底這是個什麼樣的「合體」？我們想吃得較健康、或是找新工作的意圖，可以克服吃垃圾食物、或是每天去同一個辦公室上班的習慣嗎？

當養成的習慣很微弱時，意圖比較容易預測行為

——

心理學家非常熱衷地想改變人們的行為，而且希望這些改變都是好的而不是壞的，因此我們對這個問題已經有巒多的了解。像捐血、運動、騎腳踏車，以及投票這些研究，都在檢驗可不可能讓人改變習慣。其中一項研究想檢測是否參加的實驗者可以預估在一個星期之中，他們會吃多少次速食、看多少次電視新聞，以及坐幾次公車。每個人都被問及他們在接下來的一個星期中，他們想要執行這三項活動的次數，之後就會被問到在那一星期之內，這三項活動實際上做了幾次。這種設計就是測量意圖與習慣的方法。

在接下來的七天，測試者就把他們去速食店、看電視新聞，以及坐公車的次數記錄下來，實驗結果顯示，當養成的習慣很微弱、不堪一擊時，意圖比較容易去預測行為。所以如果你平常不那麼常看電視新聞，不管你想要多看、少看、或維持不變，你在這星期看電視的意圖會比較準確。這對我們的自我控制力來說是個好消息。但是有個壞消息就是如果你的習慣性增強，我們的意圖會愈來愈不能預測行為。比方說你有去速食店吃東西的習慣，因此，不管你想不想減少吃速食的次數，你都很可能會持續你的習慣。

接下來還有更糟糕的消息。當測試者被問到他們對預測未來七天的行為有多大的信心時，一個非常不尋常的結果出現了。那些有著強烈習慣、對預測未來七天行為最不準

的人，居然對預測自己未來七天的行為最有信心。這項發現如此驚人的原因是，因為它暗示了習慣的其中一個黑暗面——**當我們不斷重複一項行為時，它所產生的熟悉性似乎在無形中會影響我們對於那項行為的判斷。結果是我們會感覺到自己比較可以掌控一些行為，但是在實際上，這些行為是我們最無法掌控的。**這又是一個思考程序與直覺期盼反向運作的一個例子。

• • •

請想想看習慣在面對有意識的意圖時，會變得多麼強大，因此在與微弱習慣相較之下，知道什麼是強烈習慣就變得非常重要。比方說，一個月買一雙鞋算不算是習慣？那麼每天看報紙或一年兩次參加社區大會呢？我們能夠發現自己變得不可自拔，或反過來說，不再需要強迫自己的機率是多少？根據這個問題，心理學家參考看了一篇根據六十篇研究習慣性行為而寫成的評論報告。根據報告，習慣可以分成兩組：在第一組中，他們列入了一些可能你最少一星期會做一次的活動如運動、喝咖啡、使用安全帶等等（如果你每天開車，那就希望你多多綁安全帶）。在第二組中，他們列出了一些可能我們一年只會做幾次的活動，如捐血、施打流感疫苗，但是這些活動也可以很容易就包括去看牙醫或是理髮。另外一個重點，就是他們會考慮到這些重複行為發生的情境。**情境或背景在習慣性行為中占了很重要的一席之地，其原因就是我們比較容易在某種特定情景下，做出慣有的相應行為。**

習慣的頻率與強度影響了人的行為

——

所有的研究都顯示意圖是預測未來行為最強烈的指標。因此整體來說，人們會根據意圖從事他們想做的事。但是當如果把習慣分成那種一個星期做一次、或是約一年做一次的時候，一個很大的差別就浮現了。再一次地，當和人們計畫做不同的行為比較時，一個星期做一次的行為、或是已養成的習慣，比較容易主宰人的行為。只有出現像施打流感疫苗或捐血這種一年一次、或少數幾次的行為，才會出現意圖凌駕自動導航行為的狀況。同樣地，行為的情境也很重要，因為習慣是在一個穩定的情景中所做出的行為——比方說你每次都會在咖啡館點拿鐵咖啡——因此這種活動更不容易受到我們意圖的影響。

這種情況反應出強烈習慣和微弱習慣的不同之處在於，某項行為是一個星期從事一次，或是一年從事少數幾次。這表示說強烈習慣包含了我們絕大多數的行為。請回想一下你在每個星期、在同一種情境下所從事的某個活動——例如去餐廳吃飯或看電影——你會覺得這類的活動，是高度由自我意願所操控的，但是在研究中，這類行為會被視為與日常活動中如繫上安全帶、查看最新的新聞或電子郵件一樣。這類的活動並不如我們想像中那麼受到自我意願的控制。

想改變習慣時，考驗就來了

長久以來，心理學家瞄準人們的意圖，試著用它來改變人的壞習慣。因此有數以百計的研究，專門協助人們接納低油飲食、多做運動、騎腳踏車戴安全帽、使用保險套、去大學選修課程、停止抽菸、擦防曬油，以及從事其他值得讚美的行為。但是當研究人員把這些結果加總以後，其數字看起來很不優。經過探討四十七篇最精密的研究之後，有一篇評論提出了警世的看法。在正面意義上來說，**心理學家很成功地讓人改變他們的目標及意圖，因為在經過心理學技巧的操弄之後，這些研究中的測試者都會想要、或是準備做出改變**。但是不幸的是，在碰到除去既有的習慣時，問題就出現了。**雖然人們想要改變，但是當習慣很強烈的時候，真正改變行為的機率就變得非常低**。

雖然上面談到很多關於意圖在面對習慣時，會變得多麼地疲弱，但是值得強調的是，在很多時候，**我們的強烈習慣的確會遵循我們的意圖。我們從事的活動，大多是我們自己想做的活動，就算這些活動變成了自動的模式，它們還是由意圖產生的。我們會每天洗臉、在上班途中買一杯濃縮咖啡、或擦拭眼鏡，都是因為在過去的某一時間點，我們在意識很清楚的狀況下，做了一個決定（或是有人替我們做了決定），因為我們認為這些都是有價值的活動，因此就會一直重複這些行為，直到它們成為自動反應為止。**

我們很多種行為，可能都可以用這種說法形容：雖然我們不是特別刻意從事這些活動，但是這些習慣仍然符合我們當初的意圖。更棒的是我們這種自動、毫無自知所從事的行為，可以在我們分心時保障我們的安全。例如我們過馬路時，會自動地查看左右是否有來車，但是當時心裡想的卻是自己在巴西過的爛假期；或是自動戴上隔熱手套、從烤箱把烤好的球芽甘藍菜拿出時，我們擔心的卻是不知道菜有沒有烤得過熟。在兩個例子中，我們要保命以及避免燙傷的目標，全都是由自動、不知不覺的習慣所達成。只有在碰到我們想改變的少數壞習慣時，事情就變得很棘手。

毫無疑問地，在很多種情況下，我們可以成功地養成或戒除某種習慣。但是從習慣與意圖的研究調查中發現，我們在有知覺狀況下所做的決定，並沒有像我們想像中強烈。在某方面來說，這倒是一個蠻令人欣慰的想法，因為這表示說**我們每次想改變習慣都會失敗，就是因為舊習慣從中作梗，其中的重要原因就是「強烈習慣的全然威力」**。研究報告顯示，**強烈習慣可以凌駕意圖的情況是相當正常的，再加上養成習慣所需要的時間，難怪我們會覺得想改變我們日常行為是很困難的。**

這一切論述最後都歸結到一個問題：為什麼習慣不會向我們的意圖屈服？要回答這個問題，我們必須進入一個深層、闇黑、神祕的潛意識世界，而這裡就是習慣運作方式祕密所潛藏的境界。

YOUR SECRET AUTOPILOT 03

你的祕密自動導航系統：潛意識有多影響我？

想像一下你現在正在朋友家的派對中。因為屋內有蠻多的新面孔，所以你先掃視一下，看看現場有哪些人。接著你的視線落在房間另一端一位陌生的美女或帥哥身上。你會先把視線移開，然後再回到那個人身上。你看到對方的嘴角上揚，似乎在微笑。突然之間，你變得很緊張，你的腦袋一片空白，你很想過去跟對方說話，但在同時你也很想逃離現場。然後你一轉身，不小心撞到一個人，幾乎撞翻了手上的飲料。接下來你做了幾下深呼吸，緩和一下心情，然後假裝在人群中尋找自己熟識的人，但在同時你也想找到剛才那位陌生的美女或帥哥。啊，對方就在那裡、半個身子被一盞燈給擋住了。突然有個朋友拍拍你的手臂，問你在看誰……。

好了，現在讓我問你一個問題。你覺得

你可以確切形容為什麼會被這個人吸引嗎？說真的，基本上我們對自己能確實指出對方吸引力的原因有幾成把握？

選擇的盲點：有時，我們對所做的選擇沒知覺

——

在你回答之前，先看一下由瑞典心理學家所做的一個有點狡詐的研究。這些學者先準備了幾套兩張一組、撲克牌大小的女子照片。接著他把每一組的照片各自用左右兩手拿著，然後問參加的試驗者覺得哪一張女子的照片比較吸引他們。等參加者指出了最吸引他們的照片之後，實驗者就把照片發給參加者，請他們形容一下這張照片為什麼吸引他們。但是別忘了這是一個心理學實驗，因此這個實驗不像表面看起來那麼簡單。有時候在實驗者發照片給參加者時，他會巧妙地把照片抽換。因此有一半的參加者所拿到的女子照片，都不是他們原本所選的那一張。

換句話說，有一半的參加者必須找到理由來合理化他們當初選擇的照片，但是其實這個選擇不是他們做的。其中有幾個人發現了這個詭計，但是大多數的人都沒有知覺。接著他們就被問到究竟為什麼他們會選擇那一張臉。

想想看你本來預期會拿到的照片。如果你拿到的是第二順位的照片，那起碼你的熱

情會稍微削減吧？也許你的潛意識會消化這個資訊，讓你報告出細微的不同之處——比方說我們對喜歡某張臉的原因，可能會出現比較不確定或更模糊的說法吧？但是在分析參加實驗者的報告時，研究人員發現這兩組的回答並沒有什麼不同。一組參加者看著自己選擇的照片，另一組則是看著自己沒有選擇的照片，但是兩組成員似乎都可以提出自己喜歡那張照片明確、具體的原因，而且都有著相同程度的感受。在口頭報告中，看不出來有換照片這個事件。研究人員因此賦予這種現象一個又新又響亮的名稱：「選擇的盲點」。

這個意思就是說在某些特定情況之下，我們真的會對自己所做的選擇毫無知覺。讓我們回到本章最前面的那個場景：現在你可以確切描述自己看上那位陌生美女或帥哥的原因，但是你對自己的答案到底有幾成把握？希望你的回答是如果本來很確定，但是現在就有點不確定。這項研究所暗示的就是潛意識的奇怪本質，而這種本質也是了解習慣運作的方法，以及我們如何可以改變習慣的重要核心。

• • •

你的決策有時沒什麼道理

幾千年來，人類一直想弄清楚我們的大腦到底是如何運作的。其中對尋求內在自我最有名的探索者就是心理分析的先驅西格蒙德．佛洛伊德（Sigmund Freud）。雖然今日他不再享有以往的科學盛名，但是他對於潛意識的理論還留存於大眾的想像之中。他的學說影響之深，我們至今都還認為自己有可能可以深入潛意識來發掘自我。佛洛伊德喜歡解釋說心理分析的過程，就跟考古的挖掘沒什麼不同。雖然要把自我真相挖掘出來是一件困難的事，但是真相的確存在，它就隱藏在多層次的神經官能症、情結，以及其他奇特的動機與慾望之下。

潛意識研究1　商品位置喜好度實驗

許多現代的心理學家則對潛意識有相當不同的見解。維吉尼亞大學（University of Virginia）的提摩西．威爾森（Timothy D. Wilson）教授長久以來就對我們已知（還有常常是不知）的自我感到興趣，而他的理論最能明確表達這種不同的見解。這些年來，威爾森教授及其他研究者已經派出數以千計的參與者去深入挖掘潛意識，然後看看能找到什麼東西。在其中一項研究中，研究人員在一家購物商場假裝要做睡衣和尼龍絲襪的消費者調查報告。逛商場的人要對他們所被告知的商品做出評價，而這些商品包括四件不同的睡衣以及四雙不同的絲襪。但是在實際上，這四件商品都是一樣的。他們意外發現人們似乎比較喜愛放在右邊最遠處的那件商品，而這種狀況在絲襪的部分是最明顯的。雖然右邊最遠的那一雙絲襪，和左邊最遠的那一雙是一樣的，但是人們喜歡右邊最遠這一雙的比率是四比一。

但是人們是否注意到造成這個結果的原因，是因為這些物品放在右邊嗎？研究人員是否能往更深處挖掘、發現到底是怎麼回事嗎？答案很明顯是否定的。當問及他們為什麼會選擇某項物品時，沒有人提到物品的所在位置。甚至當實驗者建議物品的位置可能會有影響時，參與試驗者最多就是看起來有點困惑，而最不認同的就表示完全不可能。所以人們不知道到底他們為什麼會特別喜歡某雙絲襪，而不喜歡其他的絲襪。在這裡，潛意識得了一分，而意識零分。

潛意識研究2　厄普代克小說閱讀段落研究

威爾森的另一項研究，則是探討了相反的情況：當人們認為某種因素會不知不覺地影響他們時，實際上，這個因素根本一點都不會影響他們。在這個研究中，參加實驗的測試者要從約翰·厄普代克（John Updike）所寫的《兔子，快跑》（*Rabbit, Run*）小說中閱讀一段內容。這段選出的內容描述了非常緊張的一幕，有一位酒鬼母親在浴缸中幫自己的嬰兒洗澡時，不小心把小女嬰淹死了。測試者被分成了四組，每一組拿到的段落敘述都不一樣：

1. 第一組拿到的是整段完整的一幕。
2. 第二組拿到的是不完整的段落，有一段形容雜亂嬰兒床的部分被刪除了。
3. 第三組拿到也是不完整的段落，但是形容嬰兒的段落遭刪除。
4. 第四組拿到的是刪除了第二組及第三組內容的段落。

看完之後，參與試驗者根據他們所看的段落，用一到七的簡單等級來評量他們在感情上所受到的衝擊。接下來，第二、三、四組的測試者會看到沒有被刪除的完整段落，然後被問及如果這些段落沒有被刪除的話，是否會改變他們的感受。平均而言，大部分的測試者都認為這些被刪除的內容，的確會增加他們情感上的衝擊。但是當研究人員看到評級時，他們發現刪除一小段、或是兩小段並不會影響到感情衝擊。在這個實驗中，我們看到人們認為某個因素會在不知不覺的情況下影響他們，但是在實際測量時卻完全沒有分別。又一次地，潛意識得了第二分，意識零分。

現在舉的例子會變得比較攸關個人，甚至會讓人覺得不舒服。你可能認為你不知道為何會選擇某項產品、或是無法確實預測文學作品所帶來的感情衝擊有什麼大不了。沒錯，這些東西沒有那麼重要，但是讓我們進一步談到跟你自身有關的事物——我們來談你的個性、態度以及自尊心。這三點是我們自認有能力可以做出正確評斷的三個面向。

我們根本不了解自己

我們再次發現自己對自我認知出現了令人訝異的嚴重不足。舉「害羞」為例。有一項研究就把人們對「自己害羞狀況的自我評估」和「暗中觀察所得的害羞狀況」做出比較。換句話說，研究人員就是要看人們實際表現的害羞情況，而不是他們自己所報告的害羞狀況。當然了，某些自我害羞評估和實際害羞狀況的確會出現重疊現象，例如特別外向的人不會說自己很害羞。但是這個研究發現這種重疊現象並不如我們所預期的那麼多。我們似乎對自己的個性有所了解，但是事實上，我們對自己的了解並不像我們自認的那麼透徹。

「態度」則是人們說一套、做一套的好範例。大家都知道私底下愛看電視的人，絕對不會公開承認他愛看電視。最火爆的例子就是種族問題，說自己不是種族歧視的人，在行為上卻不是那麼一回事。很可能人們會試著隱藏令人厭惡的態度，但是研究發現，其實人們可以很成功地欺瞞自己、自己擁有這種態度卻毫不自知。

也許最令人不可思議的例子就是「自尊心」。我們當然知道自己自尊心的高度有多高，對吧？可是心理學家用了很奸巧的方式來間接測量人們的自尊心，然後把結果跟我們的說法做一比較。比方說有一個研究讓參與的試驗者做一個五分鐘的面談。這個面談的設計就是要讓受訪者覺得對方在刺探他們的個性。他們會被問到一些大家認為心理學家會問的老套問題，如：「如果你可以做任何一種動物，你最想當什麼動物？為什麼？」這只是煙幕彈，事實上，研究人員真正要看的是受訪者會出現多大程度、表示緊張的身體語言——這才是自尊心的真正評量。實驗的結果發現，人們自認自尊心的高低、和他們呈現緊張的身體語言的多寡，只有非常微弱的關聯。

聽起來好像不可思議，既然自尊心是構成自我不可缺的一部分，我們怎麼可能會不了解自己自尊心的高低？令人驚訝的是，有些研究居然發現這兩者居然一點關聯都沒有。這就像你問某人的眼睛是什麼顏色以及他是哪裡出生的，對方最多只能回答說「淺黑色」及「在北半球的某地區」。甚至有證據顯示我們愈考慮到自尊心，我們愈會失去準頭。這裡再一次證明在自尊心以及其他自我認知方面，我們根本不了解自己。

• • •

潛意識之所以無法完全掌控我們，其實，主要是因為我們的額葉，它位於略高於我們眼睛上方、大腦的一部分。這個區域與所有的高級功能如推理、記憶和計畫相關，但是它也適用於監測以及抑制我們的行為。一旦大腦的此區域受損，可能會喪失對習慣的管控。

額葉一旦受損，會喪失對習慣的掌控

———

法國神經病學家方思華．拉默特（François Lhermitte）是第一位有系統地記錄一種他稱之為「應用行為」的失調症。他所描述的病患全部都是大腦額葉受損的病人：其中有些人患有「阿茲海默症（失智症）」，有些則是因為癌症開刀、或是動脈瘤治療而受損。拉默特注意到許多這類的病人，都出現了類似的行為——只要在他們前面的桌子上放置一副眼鏡，他們就會伸手去拿那副眼鏡，然後把眼鏡戴上。你可能會說「沒有什麼好奇怪的」。但是當第二副眼鏡擺在桌上時，他們也會伸手拿眼鏡，然後重疊戴在第一副眼鏡上。如果再放另一副眼鏡在桌上時，他們又會重複相同的動作。「**應用行為」失調的病人，表現出各種習慣性行為模式，完全沒有內在的動機**。如果把一杯水放在他們前面，他們就算不口渴也會把水喝掉；如果把食物放在他們前面，就算他們剛吃完中飯，他們也會繼續再吃；如果把梳子放在他們前面，就算他們的頭髮已經整理得很整齊，他們也會開始再繼續梳理。

更奇怪的是，就算他們被明確告知不允許的情況下，也會從事這些行為。當被問及儘管他們不口渴、而且告訴他們不要喝水的情況下，為什麼他們還要喝掉那杯水的時候時，他們只是說：「因為你把東西拿出來給我，我就認為我必須把它拿來用掉。」有時候，他們就坐在那裡問自己說：「我一定要用它嗎？」這種「應用行為」失調似乎只發生在已經有某種習慣的病患身上。對那些不抽菸的病人，香菸和打火機無法刺激他們做出自動性的行為，但是如果實驗人員伸手從一包香菸拿出一根菸時，這種病人會替他們點菸。

另一種很極端的病人，則是非常清楚自己的習慣受到下意識的暗示。有一個例子就叫做「異手症（他人之手症候群）」。這種病人的手會不由自主地做出違反自己意願的行為，而且就跟「應用行為」失調的病人一樣，異手症的病人就算他們不想喝水、開門出去、或脫衣服，他們也會無法控制地伸手拿裝水的杯子、抓住門把、或脫下自己的衣服。這種狀況就是病人本身與「異手」是兩個完全分離的個體，就像是有別人在用他們的手一樣。史丹利．庫柏力克（Stanley Kubrick）一九六四年的電影《奇愛博士》（*Dr. Strangelove*），就是把這種病症誇大到絕佳笑果的例子。在影片中，由彼得．塞勒斯（Peter Sellers）主演的「奇愛博士」（電影名稱由此而來）無法控制他的「異手」。但是在現實生活上，這種病患對於自己體驗到這隻手被外在因素控制的感覺，感到十分煩惱。

我們窺見了兩個可怕的世界，我們渾然不知的習慣完全控制了身體行為：一個世界是病患對自己的行為完全沒有自覺；另一個世界則是更令人煩惱、在病患完全清醒的狀況下所發生的行為。很幸運地，對大部分人來說，我們只是試著以局外人的角度來了解他們這些極端的行動。雖然這些例子超乎異常，不過，它們的確顯示出習慣是如何不斷地從我們潛意識中冒出。當我們看到裝水的杯子、門把、或一盤盤的食物時，在我們潛意識深處，某些自動過程就會被啟動。但是我們不會去做這些行為的原因是，因為我們有其他的抑制機制，會試著阻止我們在不饑不渴的狀態下吃喝、或是在不想離開房間時去開門。

•••

許多深度思考是在潛意識中進行，但是我們不管如何努力，都無法清楚地感知。這些思考包括我們認為理所當然的基本認知、以及一些自動反應，如打球、認出親友的長相、或是倒車進入一個很狹小的停車位。通常來說，我們不需要太擔心自己無感、但身體卻會自動反應的事情。對「自我感覺」來說，無法感知像態度、個性及自尊心這類應該屬於透明的思考過程，才是不符合直覺、令人氣餒的。

推翻佛洛伊德理論的潛意識新解

經過歷年來的幾百次研究，終於出現了一項對潛意識的新見解，而且這個見解完全偏離了佛洛伊德的理論。佛洛伊德認為我們可以像考古一樣，一層層地去挖掘為什麼我們會這麼想、或為什麼會這麼做的真相，但是許多現代心理學家，卻不同意這個說法。與其說我們的潛意識可以被一層一層地小心挖掘，他們認為潛意識中心比較像是地球的核心。我們會有一些如「情感的地震」、「思想爆發」等情況，但是引起這些情況的原因卻是非常神祕、無可測知。所以有時候我們的情緒、態度，以及決定等會無緣無故的出現波動，而我們自己也完全無法解釋，最後只能慌張失措。

雖然有這麼多的阻礙和困難，我們還是不斷嘗試猜想到底腦中的深處是怎麼一回事，而且研究學者對於這些研究的結果也感到深深著迷。但是這些結果並不太令人振奮。在一個研究中，在大學餐廳排隊用餐的一組學生填了一份問卷，問題是為什麼他們喜歡喝他們所選擇的飲料。另外的學生則是不需要經過思考而直接選擇他們想喝的飲料——這群人是對照組。接著研究人員偷偷地看這些學生的杯子，想知道他們喝掉了多少飲料。結果顯示，在預測自己會喝掉多少飲料的問題上，那些考慮過對自己所選擇飲料喜愛度的學生，比那些根本沒有想過這個問題的學生來得不準確。換句話說，仔細考慮過自己喜愛程度的人，會降低成功預測自己行為的能力。

選海報，看潛意識

在另一個研究裡，參與試驗者可以從兩張海報中選一張他們想帶回家的海報，其中一張是藝術作品型，另一張是幽默型。試驗者中有一組被要求提出他們選擇的理由，另一組則是不需要經過考慮、直接選擇。結果有趣的結果出現了：被要求說出為何選擇某海報的人，會比較傾向於選擇幽默型海報，而不是藝術型海報。之後大家把海報帶回家，在幾個星期後回報他們對於自己選擇的滿意度。

根據他們的回報顯示，那些選擇幽默型海報的人，滿意度比較低。當研究人員仔細查看原因時，他們注意到平均來說，人們覺得要列出喜歡幽默海報的原因比較容易，但在同時，他們也可以輕易地列出他們不喜歡藝術海報的原因。因此，因為藝術海報讓他們比較難想到喜歡的理由，所以他們就選擇了幽默海報。但是他們把幽默海報帶回家以後，他們就覺得海報不那麼有趣了。

在這裡我們看到的是人們的選擇會被他們當下最快出現在腦海中的想法所影響，而不一定跟潛意識有關。除此之外，**如果對自己選擇的原因考慮太多，會讓我們對這些選擇感到比較不滿意**。

但是，這並不表示「考慮」一定會讓我們無法準確地預測自己的行為、或是對自己的選擇不甚滿意，但是這種潛在的危險還是存在的。不管怎麼說，我們跟潛意識的典型互動，實在是令人洩氣到極點。由於我們無法得知我們做某事的原因，於是就根據自己個人喜好、對世界的想法、以及其他我們可以清楚掌握的資訊，捏造出一些藉口。就像《伊索寓言》中的狐狸看到掛在高枝上的葡萄時，牠想跳高一點把葡萄打下來，但是卻發現自己辦不到。一瞬之間，牠的腦筋做了一個大轉彎。牠決定不吃那些葡萄了，因為那些葡萄很可能是酸的。因為這個腦筋急轉彎，狐狸告訴自己，反正牠本來就不想吃那些葡萄（這就是「酸葡萄」心態的由來），這樣一來，牠就可以保護自己免於感受吃不到葡萄的挫折。

愛抽香菸的人也會做類似的反應，他們會跟你說他們知道有人一天抽四十根香菸，但是卻活到一百歲，或者是說反正如果他們沒有因為抽香菸而死亡，他們也會因為別的原因而死。這類的藉口常常就在我們的潛意識中不斷盤旋，但是我們卻一點都沒有知覺。

• • •

因為大部分的習慣都藏在潛意識裡，而我們幾乎無法進入潛意識的事實，對那些想改變習慣的人好像會變成一個問題。但是說實在的，**能夠了解潛意識有力量可以引導及改變想法與行為，就已經是踏出了改變的第一步**。如果我們不相信自己大部分的思想與行為是屬於知覺之外的，我們想要成功改變的機會就會變小。**用探查潛意識的方法來嘗試解釋我們的行為，是一件浪費時間的事，而且這麼做可能會出現反效果。但是如果我們能對習慣比較有知覺、比較注意，會是一件很有幫助的事。**

對於「到底潛意識發生什麼事」的問題而言，習慣本身就是一個非常重要的線索之一。我們可以用記憶以及清楚的意識來拼湊出到底我們的核心部分在想什麼。利用這些線索、以及了解「想養成的習慣」與「真正出現的生活習慣」互動之下所形成的行為，我們就比較能掌控自己。接著我們會在下一章探討這種互動。

DON'T THINK, JUST DO IT! 04

別考慮，馬上去做！

有一天我在電視上看電影看到一半的時候，突然停電了。因為我家的線路不是很好，所以我轉頭看窗戶外是否每一家都停電，結果沒錯，就是停電了。於是我打電話到電力公司報修，對方說已經派出工程師出去維修了。因為到處都黑漆漆的，我就用手機發光的畫面，在家裡跌跌撞撞地摸索，等我找到蠟燭和火柴時，家裡很快地就出現了柔和的光線。我覺得很心煩，因為就在我看電影正投入時，突然之間，我被拉回到兩百年前沒有電力、沒有好萊塢電影的時空裡。

等待電力恢復的時候，我去上洗手間。一走進洗手間，我的手就自動按著電燈開關想開燈。在那剎那，我站在原地困惑，不知為何電燈不如以往發生效用，接著，我對自己的愚蠢嗤之以鼻。我已經查看窗外確定我們這一區是否停電，還打電話到電力公司、點了蠟燭，但是我仍試圖把燈打開。更糟的是兩個鐘頭之後，電力還沒有恢復。我再進洗手間，而我伸手想再按電燈開關。我愣著站在那裡，想著到底我的腦袋在想什麼，答案是：什麼都不想。

B. F. 史金納（B. F. Skinner）是有名的美國行為心理學家，他會對於這類的行為感到很欣慰，因為這種行為跟他對習慣的見解不謀而合。我對電燈開關的反應，跟他最廣為人知實驗中的鴿子表現看起來很類似。在他的鴿子實驗中，史金納把一群饑餓的鴿子放在一個箱子裡，然後每十五秒餵食牠們一次。很快地，這些鴿子表現出不尋常的行為。有一隻鴿子在食物快出現之前，就會伸長脖子；有一隻鴿子開始繞著圈子走；有一隻鴿子會把頭伸到箱子的角落。**史金納的解釋是鴿子學會把伸長脖子、繞圈走、或是把頭伸到角落裡的行為，與食物的獎勵聯結起來**。因此牠們開始「相信」這些動作在某種程度上與食物的出現相關，鴿子變得迷信起來。

習慣的建立與獎勵正相關嗎？

習慣的典型概念，就是把人類視為是史金納鴿子較複雜的翻版。按此觀點，人類習慣的建立，只是單純對所處狀況下得到獎勵的反應。比方說，我的工作會給我所要的薪水，而且我從環境中得知如果我努力工作，我可以得到升遷，並得到更多的薪水，因此我就養成了工作的道德。或者是我想討別人歡喜、而且發現微笑會有幫助時，我會開始多多微笑，久而久之，我就養成對別人微笑的習慣等等。**時時刻刻，我會注意到（不管是有意識或無意識）某種行為會有獎勵，而且我得到的獎勵愈多，我愈會在相同狀況下做出同一種行為。**這些只是最簡單的例子，但是請你想像一下，如果它們一點一滴累積起來，這種概念就可以讓你知道人類習慣如何養成。

先回到鴿子這兒片刻：其實這些鴿子不是真的很迷信；牠們智商很低，根本不可能有這種複雜的想法。不管你對我的評論如何，我相信我一定比那些鴿子聰明，可是為什麼我跟牠們的表現一樣，會在停電的時候還去打開電燈開關呢？這是因為在某些程度來說，我們對世界的反應跟鴿子很像，但是有一點很明確，如果把人類行為降格到鴿子行為就太離譜了。

人類跟鴿子有很多相異之處，其中一項就是人類有夢想。雖然我們不能肯定地說鴿子不會夢想著有一天牠可以在屬於牠的雕像上灑下自己的糞便、在火星上建立殖民地、或成為最偉大的領導者，但是這種機率實在是太小了。相反地，人類腦中充滿了幻夢。為了要實現夢想，我們會設定各種目標，而且朝著許多目標同時間前進、等待時機成熟時實現夢想。比方說我們夢想要有乾淨的房子、受過良好教育的子女、在工作上得到升遷，所以在「時機」對的時候，我們會把拖把和水桶拿出來、研究看看哪個學校比較合適、或是學會諂媚奉承。但是到底什麼時候才是對的「時機」呢？

當然了，**正確的時間點會引起我們從事許多習慣。就像鴿子一樣，我們學會了在何時執行某項特殊、複雜的行為以回應某種狀況以及獎勵**。比方說我們在餐廳暗中觀察其他客人，並加以品頭論足；在工作時瀏覽「臉書」、看看有趣的照片；或是希望得到安慰時打電話給朋友。這些都是十分正常、日常的例行工作。但是更有趣的狀況出現在我們脫序演出、我們的習慣跟想達到的目標不合、或是我們體內的鴿子元素變得有點瘋狂。例如我們想減肥，但是卻一直吃下堆積如山的蛋糕；我們想要得到升遷，但卻一直拖延工作；我們想要少喝一點酒，結果卻是再點一瓶香檳。在這些例子中，我們的行為和目標似乎完全相反；我們得到的卻不是我們想要的。在這種情況下，部分的解釋是習慣可以在不知不覺的狀況下執行，而且強烈的習慣很難改變，因此習慣只能幫助我們達到部分的目標。但是在這一章，我們要進一步說明為什麼鴿子式的思維理論，無法解釋我們如何做出習慣的行為。

• • •

對於日常生活的許多活動來說，習慣對我們的助益良多，例如穿衣服、過馬路時左右觀看是否有來車、跟別人問好等等。我們自動做出這些習慣行為不只是很方便，事實上，如果這些行為不是自動的話，我們會變得無法生活。但是有時候，習慣反應會被某些情境暗示而啟動，而這些反應跟我們的目標或意圖沒有多大關係、甚至是毫無關係。

你知道嗎？無意識情況下所引發的思考習慣，左右了行為

——

在社會心理學家約翰．巴爾（John Bargh）帶領下所做的關於思維習慣的技巧型研究中，參加試驗者被分成兩組，而且研究人員在實驗中設計了一點陷阱。試驗者被要求把五個詞的前後次序恢復、然後用其中四個詞造句。比方說，他們會收到類似像「他、它、藏起、找到、馬上」這些字眼。試驗者不需要經過太多思考，就可以快速地把「藏起」這個詞去掉，然後造出以下的句子：「他馬上找到它」。對一半的測試者來說，這些造句只是要讓他們有事做，但是對另一半的測試者來說，這些詞句含有一個祕密訊息。這些造句中包含了很多傳統上跟老人相關的詞句，比方說「衰老、寂寞、灰色、自私、謹慎、多愁善感、睿智、固執、多禮」等等。我要跟那些比較熟齡的讀者說對不起，但是這個測驗的目的是要誘發「刻板印象」，所以用詞必須直接、不能拐彎抹角。

受測者做完測驗之後就以為結束了，但是事實上研究的實驗這時才真正開始。與研究人員合作的一位盟友坐在受測者附近的椅子上觀察，想知道每個受測者需要花多少時間，才能走到用一條祕密膠帶標明九．七五公尺處的終點線。在完全沒有知覺的狀態下，受測者之間出現互相較勁的比賽，結果顯示速度較慢的輸家，就是那些收到與老年相關詞語的人。平均來說，他們比那些沒有啟動「刻板印象」的人（七．三秒），多花了整整一秒的時間（八．三秒）才走完這段距離。在這些人的腦海中，「衰老」這個名詞提醒了他們。因為我們對老年人有一些習慣性的看法，也就是常說的「刻板印象」，因此這些想法很容易就會在不知不覺中被啟動。接下來，在毫不自知的情況下，我們就做出了與刻板印象相符的舉動。其實在整個研究中，只有一個人注意到很多字都跟年齡的成見有關。這個研究證明了在無知覺狀態下被啟動的思考習慣，會對人類的行為產生很大的影響。

你的行為與表現也受潛意識暗示影響

可能剛才的例子會讓你有點灰心，但是好消息就是如果使用相同的方法，也可以使人們的表現進步——也就是有效地實踐好習慣。有個調查，邀請了參與調查的亞裔美國人參加數學考試。但是在實驗開始之前，有些人會被先灌輸「亞洲人被認為在數學很優越」的成見。這個方法就是在螢幕上以少於十分之一秒的速度，閃出這些詞句：在知覺上來說，這個速度太快，但是對潛意識來說，這個速度慢得可以被它吸收（這是老套的潛意識廣告詭計，其實它本來是個騙局，但是很有用）。閃在螢幕上的字有「鍋」、「亞洲」、「中國城」、及「香港」等等。另一半的受測者，則是看到一些跟種族刻板印象無關的字眼。再一次地，我要跟亞洲人道歉，潛意識沒有應有的「政治正確」觀念。

他們發現暗示的字眼對受測者的表現有很明顯的影響。受到刻板印象暗示的亞裔美國人，比另一組受測者答對幾乎多兩倍的問題。以潛意識的暗示來說，這可是一個重大的表現。當研究人員仔細查看數據時，他們發現這些人的表現之所以會提高，是因為亞裔美國人在潛意識受到亞洲刻板印象的暗示之後，會試著多多答題，因此在刻板印象的提示之下，他們似乎會更加努力。換句話說，思考習慣會引發出堅持不懈的習慣。

現在有個很重要的問題：這些受潛意識引發的良好思考習慣，是否可以讓你賺錢？比方說，它可不可以幫助你成為〈誰要當百萬富翁〉（*Who Wants to be a Millionaire?*）益智遊戲節目中的百萬獎金得主？也許有可能。在一項研究中，受測者受到「聰明」或「愚蠢」的暗示，然後他們被問及一般的知識問題如：「誰畫了《格爾尼卡》（*La Guernica*）這幅畫？a. 達利（Dali）、b. 米羅（Miro）、c. 畢卡索（Picasso）、d. 維拉斯奎茲（Velasquez）。」結果也出現了跟之前一樣的狀況。受到「聰明」潛意識暗示的人，表示他們比較能夠從記憶中找到正確的答案（答案是畢卡索）。

這些研究顯示思考及行為習慣，會被我們身旁的人、或情境自動激發。**我們的行為表現經常被這些微妙、或有時比較粗魯的行為提示所轟炸。我們會自動、毫無自覺地處理這些暗示，之後，我們所出現的反應會以習慣的形式出現，也就是說我們會開始不知不覺地表現出這些習慣**。這是我們先前看到溫蒂．伍德研究的延伸——從別所大學轉校的學生因為環境的改變，變得比較可能改變他們的習慣。他們周圍的人變得不一樣，或是不再受到身處的情境所暗示，因此他們改變了看電視、運動、以及其他的習慣。由於會被啟動的習慣變少了，他們的行為比較能反應自己的意圖。

這些例子說明的是「直接暗示」，換句話說，環境的某些面向（在這裡是指不同的居住環境）和某種特定行為（比較少看電視）有直接的關聯。但是習慣也可能會被比較迂迴的方式所暗示。這樣的話，我們就進入了「動機性的暗示」的境界。這是一個很詭異的效應，因為習慣會完全偏離它們原本要成就的目標。想了解自己為何會表現出某特定行為的想法，在這個境界裡會變得更加的撲朔迷離。

酒精效應：讓喝酒不只是喝酒，附加價值更強化習慣

讓我們暫時想像你是一個大學生，完全不受到家以及家人的約束。雖然你已經從父母身旁逃離，但是還沒被標準的成人生活瑣事所束縛。你還沒結婚、沒有孩子、不需要付汽車或房屋貸款。這是你人生最自由的時期；你喜歡社交生活，而且就像許多學生一樣，你一邊喝酒、一邊增進與朋友之間的友誼。手握一杯啤酒，你可以享受剛出現的自由、你的新朋友，以及似乎是永無止境的未來。這是個令人陶醉的組合，而你跟朋友在一起、彼此享受雙方互動的感受，就跟酒精一樣令人沉醉。不像有時候成年人喝酒是為了逃離單調生活的枯燥無味，你不是為了逃避現實而喝酒，或者你喝酒是想麻痺自己的知覺，讓自己能夠倒頭大睡。相反地，你正在品嚐自由的美味：享受長大成人的第一個自由，以及日後源源不斷的其他自由。

但是**以心理學來說，你正在學習聯結喝酒習慣與喝酒的快樂。你不只是享受喝酒後醉醺醺的感受，你還感受到社交的愉悅**。事實上，世界上包括美國、英國、以及其他國家的許多「喝酒」社團，這種聯結是因為文化所引起的。某些方面來說，我們想要的只是和別人交際，但是因為這種既有的儀式，我們最後變成跟別人一邊交流、一邊喝酒。

當你仔細思考的時候，這變成一個很奇怪的說法，因為這樣一來，喝酒幾乎變成沒

有什麼意義——你乾脆在跟人交際時，隨便搭配任何一種儀式如編籃子、跳舞、或是隨性唱一首歌。你的真正目的是為了和人交際，而喝酒只是一種副產品。但是許多偶爾喝酒的人或是酒鬼，會說喝酒有助於交際，甚至是說因為喝酒才可能出現交流狀況，所以說喝酒不是交際活動的副產品。這些說法的確有點道理，但是「習慣」還是其中很重要的因素。

實驗室證明了喝酒行為的目標與習慣是風馬牛不相及。心理學家使用了類似上述的「慢走研究」的亂句暗示技巧。同樣地，其目標是用我們感受不到的想法去暗示潛意識，然後觀察人們的行為會如何改變。在一項實驗中，研究人員想要操弄交際的慾望，而不是專注於「刻板印象」或是「聰明」上。他們用的方式就是讓一半的受測者說出容易與人交流的城市，而另一半的受測者則是想出哪些城市屬於古蹟。這裡的目的是想讓一半的受測者毫無知覺地思考交際目標，而另一半則是當做對照組。之後，受測者可選擇一張茶／咖啡、或是啤酒／酒的折價券，作為參加這次測驗的感謝禮物。

研究人員發現**對於那些習慣性喝酒的人，潛意識想著交際會讓他們傾向於選擇啤酒／酒的折價券。對於那些非習慣性喝酒的人來說，則是沒有多大差別。因此，光是交際的思考就足以啟動喝酒的想法，顯示出目標（從交際中感到愉快）與達到目標的方法（喝酒），兩者之間並無關聯。**

酒精效應的諷刺之一就是，它會減少我們有效思考的能力。這表示我們必須更加依賴我們的習慣。因此一旦你喝了酒，「交際產生愉悅之感」的目標，會更容易自動啟動「喝更多酒」的習慣，而我們都知道這樣會引起什麼樣的後果……

一旦目標和習慣間建立強大聯結，習慣就難改

這個研究的內容，就跟我在停電時還會去開洗手間的電燈開關非常類似。我的目的是照亮房間，是受到進入洗手間、發現自己站在黑暗中所提示。也就是說這種情境會啟動打開電燈開關的習慣性行為。但是很不幸地，在停電的時候這個習慣一點用處都沒有。但是因為彼此的關聯性太強了，就算這個動作無法達成我的目標，我還是會出現習慣性的動作。在這個案例中，我的錯誤很快就變得很明顯，因為我還是站在黑暗之中。相較之下，像喝太多酒這類的危險習慣，會以更隱密的方式，悄悄地出現在人們的身邊。

雖然我們自己毫不知情，但是在日常生活中，目標與習慣毫不相關的狀況一再發生。因為我們在習慣與目標之間建立了很強的關聯，當這些習慣不再達成目標的情況出現後，我們卻一點都沒注意到，因為真實生活要比一個開關要來得複雜多了。讓我們假設你要改變你的「行」的習慣。你決定要到比較近的地方時，你會偶爾用走路代替開車。

既然商店只要走十五分鐘就到，為什麼不趁機運動一下？有一天你發現牛奶用完了，在你還沒反應過來之前，你已經坐上了車，手上拿著車鑰匙。為什麼會這樣呢？你想要改變習慣的目標怎麼不見了？

荷蘭心理學家漢克·阿特斯（Henk Aarts）以及艾柏·迪傑斯特輝斯（Ap Dijksterhuis）在荷蘭也做了類似有關「行」的習慣研究。他們發現研究對象如果是習慣騎腳踏車的人，只要出現有關「行」的暗示，他們會自動想到腳踏車。但是對沒有騎腳踏車習慣的人來說，這種狀況不會發生。這就是我們**想改變習慣時，所要對付的「關聯性」。因為這種自動、毫無知覺地把目標（去附近的商店）和習慣（開車）的聯結，在我們還沒做任何思考之前，我們就已經自動上車、把車開到半路了。**

・・・

現在出現的是遠比鴿子理論更加微妙的習慣論點。在我們腦海中，我們「想要」（如性愛、錢、或巧克力）與「得到想要的東西」所做出的行為（如網路約會、搶劫、或使用自動販賣機），它們之間不只是簡單的關聯性而已。和鴿子不同的是，我們有計畫、目標、夢想、以及慾望與衝勁，這也是人類生活為何如此複雜的原因。其中的陷阱是，我們的目標與慾望會在錯誤的時機不自覺地被周圍的人或環境所啟動。有時候我們就像在通道上慢慢行走的學生，因為有人向他們的潛意識暗示了年老的想法；或者是我們像那些雖然不是為了喝啤酒而喝啤酒、但是為了想要社交生活而喝太多啤酒的學生。這些都證明了我們最後會做出不符合自己長期目標的行為。

培養、或戒除習慣會成為問題的原因，就是因為我們潛意識有太多東西在運作。既然潛意識基本上就像地球核心一樣無可測知也無法了解，所以我們無法直接接觸到它。這表示說深植在內的目標與慾望，會在我們不自知的狀況下開始運作。不只如此，在面對有效率、自動出現、但不太自知的習慣時，我們刻意想要改變的意圖會變得十分微弱。

對於我們想要控制、改變自己的機率來說，這些論述代表了什麼意義？這個問題就是本書後面所要探討的主題。在本書第三部，將討論如何在有知覺的情況下與周遭情境配合，以便做出我們所嚮往的永久改變。但是在此之前，得先了解在日常生活的背景下、習慣會如何表現。幾十年來，根據我們如何工作、交際、使用網際網路等等研究發現，我們找到了「塑造潛意識來符合意願」以及「永久的改變習慣」的進一步線索。

PART II 日常的習慣

EVERYDAY HABITS

05 THE DAILY GRIND 單調無趣的日常生活

盧克·萊恩哈特（Luke Rhinehart）覺得很無聊。對他來說，生活真的是無聊透頂。他是精神病醫師、有太太以及兩個孩子、事業也算小有成就，而且擁有一間不錯的房子。但是他已經受夠了。他對一成不變、無盡的重複日子以及這些日子中的所有活動感到了無生趣。他覺得已經嘗試過生命中正常管道所能提供的一切有趣事物，但是他看到的卻只有每日的瑣碎事務與單調乏味。他試著在療癒過程、存在主義及禪學中尋找安慰，但是一切都沒用。相反地，他覺得身陷在每日必行事項的泥淖之中、被生活中已經麻痺的反覆狀況所囚禁。

有一天晚上，他無心發現了一個似乎對無聊生活的解決之道：骰子。與其進行每日正常的作息，他會定期地寫下六個選項，其中包括他平常不會選擇做的事。接著他會擲骰子，然後不計成果地把這件事完成。**因為他在意識清晰的狀況下列出了選項清單，以及用擲骰子的隨機方式決定他要做的事，所以他的慣性力量因而減弱。**很快地，萊恩哈特的生活充滿了刺激。每天在家、辦公室以及旅行，他都會感受到兩股力量──一個是習慣的力量將他拉往正常的作息，另一個是骰子的力量將他拉往隨機、混亂以及新的體驗。他所說的「骰子治療法」幫助他打擊性格中根深柢固的模式，其影響範圍如此之大，他把自己、甚至是自我的概念完全解放了出來。

盧克．萊恩哈特就是邪書經典《骰子人生》(*The Dice Man*)中所虛構的主角。這本書在一九七一年出版，作者是心理學家喬治．柯克夫特(George Cockroft)。在小說中，萊恩哈特一開始在花盆中小解、倒退走路、並鼓勵建立「打破習慣的星期」，接著他完全失常，離開了太太及孩子，犯下強暴、謀殺案，最後還成立了邪教。我們可能不會同意萊恩哈特給予自己的選項以及他最後走上的道路，但是骰子的隨機性讓主角可以從無趣的日常生活中解脫，這一點倒是相當具有吸引力。

慣性讓我們感到安全

——

問題是如果新經驗是如此振奮人心，為什麼我們不會變成「骰子男」或「骰子女」呢？為什麼我們不乾脆向隨機性投降、逃離習慣的囚籠呢？有一個答案可以在柯克夫特的小說中找到——萊恩哈特發現一旦他開始全心全意進行實驗時，旁人會被他似乎是全新、隨機的行為所驚駭。這是因為我們不僅在自己日常生活中的瑣碎事務中找到穩定的力量，我們對別人該做的事務也有相同感受。這也是習慣的另一個面目——**我們在生活中愈是有經驗、我們對這些經驗愈感到安心，而且因這些經驗產生的正面感受也會增加。**正因如此，研究也顯示出坐在學校演講廳的學生，會傾向於坐相同的位子，或者是儘量靠近原來的位子。甚至在不同的教室，他們和朋友也會以類似的配置選擇他們的座位。**這也是為什麼喜歡坐飛機旅行的人，其飛行次數愈多，他們愈覺得安全，因為慣常的行為會大大增加安全感。**

讓我們感到安穩的不只是一些習慣做的事務，它還包括智能的慣性。例行事務可以降低因經常思考所帶來的壓力，因為它們很容易在自動反應下進行。例如有經驗的急診室醫師因為有多年養成的習慣，因此他們在面對垂死病人時，可以表現出冷靜的態度。**在我們的感情上極度受到創傷時，例如親人死亡或是其他的重大劇變等，每日的瑣事也**

可以為我們提供一張安全網。我們可以在每天要做的事項當中找到慰藉，例如早上起床時聽到鬧鐘發出的滴答聲、做我們該做的事、在同一時間上床睡覺，就當作好像什麼事情都沒有發生一樣。

從事習慣性行為通常是無感的

雖然習慣可以讓我們感到舒適以及給予我們安全感，它們通常會令人詬病。「單調無趣的日常生活」這個句子，並不是「在薄霧瀰漫的仲夏午後，走過陽光普照的草原」的最好寫照。相反地，它會讓我們覺得自己像機器人——早上起床、出門上班、下班回家、吃飯、看電視、在睡著前花三十分鐘擔心明天的事，然後第二天起床後（通常會睡眠不足），又重新過跟前一天相同的生活。這種生活有什麼意思？

人類在進行習慣行為時，的確還會有感受，但是通常這些感受跟習慣本身沒有關聯。我們的思想會飄到遠方，而我們的感受是跟遠飄的思想相連的。也許這可以解釋為什麼有一個研究發現人們在比較「習慣」跟「非習慣」時，對自己的「習慣」只感覺到約一半的自豪。這表示我們不覺得習慣行為和我們理想的自我有關。這一點有點奇怪，因為有很多習慣是好習慣，比方說準時、洗衣服、或記得以前的美好時光。在同一份研究中，研究人員發現參與受測者認為在達到目標方面，他們的思維習慣跟非習慣比較起來，顯得比較不重要，而且相對之下，自己的思維習慣比較不會幫助他們了解自己或他人。為什麼我們認為日常生活中近乎一半的行為（也許不只），會幾乎、甚至完全無法幫助我們了解自己？其實根據我們對習慣的了解，這也是在意料之內。這個結果是由習慣的一些基本元素所造成，例如習慣會在我們毫無知覺的狀態下，受到周遭環境的暗示而出現；我們有時候對習慣沒有多大的掌控權；我們從事習慣性行為時，不會對這些行為有太多情感。這些現象的效應就是要讓我們降低對行動的掌握。我們的內在可以和習慣分離，就好像我們被人從外部控制一般。

我們對完成日常瑣事不感自豪

在同一份問及習慣與對自己感到自豪的研究中，受測者也被問到他們對習慣有幾分的掌控權。再一次地，他們的反應令人失望。在與非習慣性行為相較之下，人們比較不確定為何他們會做出習慣性行為。還有，他們認為跟非習慣性行為的比較之下，自己習慣性的行為比較不會被他們所處的環境或是旁人所誘發。因此總體來說，這些人不認為自己與每天必忙的瑣事之間有太多因果關係，所以他們才會覺得沒有什麼可自豪以及出現負面的情緒。

所有的日常瑣事會讓我們覺得跟困在迷宮的老鼠一樣——難怪我們可以得知習慣形成的基礎。研究人員如美國心理學家克拉克．赫爾（Clark Hull）利用老鼠在迷宮內找尋起司的研究，了解到最基本程度的習慣養成。當老鼠在相同環境下一再重複相同的行為，牠們變成很快就可以找到起司——這種情況就跟大家在地下捷運站走來走去、找尋自己要去的地方一樣。所有的一切都跟「刺激」及「反應」有關。這裡的「刺激」就是出口，而「反應」就是去探索每一條通道及電梯，尋找寫著「出口」的神奇標示牌。當然了，「刺激」與「反應」之間建立的不只是關聯性，它們之間的關係也比較有刻意性及目標性——也就是所謂的「結果」。

在這個例子中，「結果」就是找到出口。我們所學到的是「行動」與「結果」的關聯性。比方說，如果我坐倫敦地鐵的北線，從「滑鐵盧站」到「古奇街」下車，我就會到達「倫敦大學學院」。以動物學習的語言來說，當我們從「行動—結果」的關聯性，轉移到「刺激—反應」的關聯性時，習慣就會形成了。換句話說，我們不會太注意「結果」，而是比較注意到自己對所處環境做出的反應——而這種反應通常就跟我們平常的反應一樣。

帕金森式症患者難以建立新習慣

我們會感到日常習慣跟困在迷宮的老鼠一樣的原因是，**迷宮老鼠的模式跟我們的行為模式相當類似**。這麼說好像有點貶低人性，但是請別忘了我們所說的是行為的自動性以及無意識性。不管怎麼說，**我們所學到的日常習慣會替我們做很多很棒的事。如果沒有這部分的大腦幫助我們建立習慣，我們的生活會變得困難多了。帕金森氏症是一種腦部退化的疾病，而這種病的病患就存在著這種問題**。這種疾病會減少腦中「基底核」部分一種叫做多巴胺的神經傳導物質。「基底核」對於控制動作很重要，所以我們才會看到帕金森氏症患者典型的顫抖症狀。但是「基底核」也被認為對習慣形成有很重大的影響。因為帕金森氏症患者這部分的神經傳導物質功能受損，他們不但很難養成新習慣，甚至於會忘記他們的舊習慣。

由加州大學洛杉磯分校（University of California, Los Angeles）的芭芭拉．諾頓（Barbara Knowlton）與其研究人員進行的一項實驗，可以說明這項功能不足所帶來的影響。他們徵求了一些正常對照組的受測者，其中包括了帕金森氏症患者以及有失憶問題的人。他們每個人都被要求從四張畫了幾何圖形的神祕卡片中預測天氣（雨天或晴天）。受測者會一次又一次地看到四張以不同次序發給他們看的卡片，然後告訴研究人員他們覺得天氣會是雨天還是晴天。這個實驗的目標就是要讓人很難把出現的卡片和結果產生聯想。但是正常對照組的潛意識卻學會了一個模式，因為在過了一陣子之後，他們的正確率從百分之五十（完全是猜測）提高到百分之七十。但是患有帕金森氏症的病人卻沒有進步，因為他們的潛意識無法學得其中的關聯。換句話說，他們無法學會這個習慣。

另一方面來說，失憶症患者卻表現得很好。這個測驗依賴的不是有意識的記憶，而是要測驗你的潛意識是否運作正常。但是很不幸的，**對帕金森氏症患者來說，他們的潛意識運作是不正常的**。這就是大部分人日常生活所仰賴的無意識學習習慣，它會幫助我們渡過最瑣碎、稀鬆平常的狀況，比方說使用停車計時器、用手機、或是跟人閒聊。

日常習慣1　社交習慣

我們來回憶一下童年的時光。請回想你在某個房子的某張桌子和你的家人一起吃飯的景象。你能記得你坐在哪裡嗎？你記得你的父母及兄弟姐妹坐在哪裡嗎？像我一樣，有許多讀者會想到自己與其他家人總是坐在某個特定的位置上。我記得在一個房子裡，我父親總是坐在我左邊，而我母親會坐在右邊，我的姊妹們會坐在我對面。但是當我們搬到另一間房子時，我們的位置就換了。在新房子裡，我母親還是坐在桌子一端的盡頭，但是我父親坐在我對面，因為桌子的前端緊靠在牆上。甚至到了今天，如果我想像在那兩間房子內、我坐在桌子對面的位子上，都會覺得不對勁兒。

也許你還記得和家人一起吃飯的其他情況？他們通常是一邊吃飯、一邊說話，還是等到吃完飯之後才聊天？你是否在特定日子吃特定的菜？星期日的中飯是不是比較特別？家裡有客人來吃飯時又是什麼景象？心理學家研究了一些家庭的瑣事，例如就寢、家庭雜務、看電視、聖誕節以及家庭聚會等等，但是大家一起吃飯的重要性，卻一次又一次地出現。雖然我們的生活型態愈來愈分裂，許多家庭仍然相信全家人應該要一起吃飯。這一點並不是壞事，因為證據顯示這種家庭儀式是對身心有益的。有良好、可靠例行活動的家庭比較快樂，而且父母及孩子的人格都會比較穩重。家族的習慣提供了一種「安全毯」作用，這些習慣會增加家族的向心力，並且幫助建立家族意識。當我還是孩子的時候，最讓我感到這種不同習慣及家族意識的時刻就是我去朋友家時，我看到他們家裡的人常常都在做不同的事情，這種情況讓我感到我好像到了月球一樣。

孩時養成的習慣與思維，長期跟著你

在孩提時代所養成的習慣及思考型態在我們飛離家巢時，還會跟在我們身邊很長一段時間。特別是早期的社交習慣會在我們的餘生中產生驚人的效應。比方說，我們在很小的時候就發展出一個自然的社交習慣：「對陌生人有禮貌」。我們可能偶爾會對我們熟識的人如父母、朋友、家人等很沒禮貌，但是一旦我們跟陌生人接觸，我們通常是很有禮貌的。有這種習慣的人，在很小的時候就已經適應這種生活方式。**我們的父母鼓勵我們對陌生人要說「請」和「謝謝」，經過多年之後，我們開始注意到當我們對別人溫暖和善時，他們會對我們比較客氣。這是一種「自我應驗預言」，因為我們期待被接受的習慣會導致和善的行為，而這種和善的行為會擴大被別人接受的程度。**

但不是每個人都學會了這個習慣。也許是遺傳以及環境的關係，但不管是什麼原因，有些人在很小的時候就對他人懷有負面的想法，而且這種態度影響之深，讓他們覺得根本不值得對陌生人產生正面的態度。有些人認為別人會排斥他們，結果很奇怪地，他們就是會被別人排斥。不管我們是有正面或負面的社交態度，這都是一種合群的思考習慣，而且會對我們社交生活產生很大的暗示意義。光是這個好或壞習慣，就足以決定我們會過著寂寞的生活，或是讓周圍充滿了朋友。

但是根據事態正常的發展，甚至那些懷有悲觀社交態度的人，也會經由學校、工作以及其他興趣交到一些朋友。但是我們如何挑選朋友呢？標準的心理學說法是根據「相似性」：不管你有沒有感覺，我們會選擇一些跟我們有相似背景、品味、態度，以及喜好的人做朋友。這個理論的確受到全世界各地心理學實驗室所做的研究所支持。如果你隨機讓兩個人坐在一起，如果他們在個性、文化背景、態度、甚至外表顯示出相似性的話，他們對彼此欣賞的程度會大增。社會心理學家長期以來都相信這個傳統的說法，但是這個理論卻遮蔽了我們行為習慣中極其重要的一環。

一起玩的人就會有持久的友情

請回想一下你的一個朋友，你們是在什麼情況下首次見面、現在你們都在哪裡碰面聊天。對很多人而言，這兩種狀況都是穩定的。比方說，這個朋友是你在學校認識的，而現在你們會每個月一起吃個飯、或是在酒吧碰面。或者你是在工作上認識這個朋友，而你們會到彼此的家裡碰面聊天。但是直覺上來說，相較於朋友所說的話、以及彼此心靈上的聯結，我們會覺得朋友在哪裡碰面、或是一起做什麼活動，是比較不重要的。但是對友誼而言，「地點」及「活動」真的像我們想像的那麼不重要嗎？

將證據指向習慣的報告是根據一項研究友誼的實驗得來。這個實驗所測驗的是受測者的態度以及他們所參與的活動。參加測驗的人被問及他們喜不喜歡滑翔翼飛行、下棋、足球或閱讀以及他們對某些事物，如宗教、政治、以及經濟所抱持的態度。接著研究人員利用統計的方法，來查看「友誼」和「活動及態度」之間的關聯。他們想要找出友誼是如何形成的——是他們「一起做的事」元素多一點、還是他們「擁有類似態度多寡」的元素多一點？最後研究人員發現，朋友之間擁有「共同喜愛的活動」要比「共同態度」的比率高很多。事實上，朋友之間的態度跟陌生人之間的態度差不多（注1），這一點跟一般人的預期完全相反，因為大家都以為，朋友之間的態度會比朋友之間的活動要來得類似。這個結果就像這篇研究所下的一個令人難忘的副標題：「一起玩的人就會有持久的友情。」

很明顯地，我們在相似狀況下所從事的活動與社交有著緊密的關聯。我們很難分析「彼此喜歡對方」還是「彼此都喜歡的活動」比較重要，但是很可能在形成及維持友誼這方面，我們低估了雙方共同習慣的重要性。毫無疑問地，我們無法察覺友誼關係中共同習慣的重要性，是因為習慣那種不知不覺的本質。我們常常發現在沒有刻意、而且毫無自知的情況下，我們會處在相同的情境裡、跟同樣一批人在一起、談論相同的話題，但是這並不是一件壞事。如果我們沒有跟別人在固定背景下互動的傾向，我們會失去生命中一大享受。在某些程度來說，「愛」是把習慣緊拉在一起的元素。當兩人的習慣互

注1　實際相似性與吸引力之間的微弱聯結，也可以在一份研究了三百一十三份報告的整合分析中看到：Montoya, R. M. R. S Horton, and J.Kirchner. "*Is Actual Similarity Necessary for Attraction? A Meta-analysis of Actual and Perceived Similarity.*" Journal of Social and Personal Relationships 25, no. 6 (2008): 889.)

相纏繞時，彼此依賴的程度就會增加，而且雙方都會在這段關係中的例行活動中受益。有什麼是比「愛」更棒的習慣呢？

日常習慣2 工作習慣

就像人類存在的其他面向，工作場所也是培養習慣的溫床。在工作時，習慣對我們的幫助遠超過我們的想像。我們不只是靠習慣來成功完成工作生活中的例行事務，如通勤上班、打該打的電話、寫該寫的電子郵件或是在開會時說該說的話。根據一項權威的學術報告，例行公事是經濟活動的核心，因為它們會儲存知識、提供穩定的力量、降低不確定的感受，以及協助大家通力合作。

少了例行公事，工作變成一場災難

例行公事最重要的可能是，讓大家可以相互協調。當人們一起為相同目標努力時，他們必須大略知道其他人在做什麼、要花多少時間，以及會產生什麼結果。如果沒有這些例行事項，貨物到了工廠時會沒人去卸貨、公司報告會缺好幾個章節、學童和老師都會錯過上課時間。**我們（絕大部分）準時到公司、讓自己的工作成果（絕大部分）與別人緊密配合，就表示各式各樣的社會組織可以開始正常運作。如果沒有這些例行事項，工作會變成由錯誤形成的喜劇。**

但是通力合作不只是要準時上班，它也包括我們應該學習在工作場所如何工作。剛開始到新公司上班時，你可以閱讀所有的手冊，在理論上了解事物運作的方式，但是，這一切都比不上經驗。最簡單的原因在於，很多我們所遵守的工作規範是沒有寫出來的。難怪有許多雇員說，他們的經理根本不知道組織裡半數所發生的事。有時候這種現象會稱之為「組織文化」，其實追根究柢，只要學會了這些小小的例行事務，組織就可以正常運作。

習慣不是必要之惡，有時對工作極有助益

一個發生在腳踏車製造業的有趣案例，可以說明習慣對工作的重要性。雖然我們現在想到腳踏車，就覺得它是一個比較古老、被大眾接受的產品，但是在二十世紀初期，事情可不是這樣。當時腳踏車很新潮、而且有著眾多不同的設計。原本的腳踏車沒有車鍊、輪子、或齒輪，而且車輪的大小都不一樣。因為這些因素，腳踏車就變得很難騎，

而且很危險，因為你很容易就會從手把那裏摔飛出去（很有趣的，這就叫「車頭摔」）。當各家腳踏車公司開始發展後來所稱的「安全腳踏車」時，腳踏車工業也歷經了各種的變革。因為大家預期腳踏車會帶來重大利益，腳踏車製造商的數量暴增，創新技術也不斷推陳出新。

在分析從一八八〇到一九一八年的腳踏車工業時，格蘭．道爾（Glen Dowell）及阿難．史瓦米奈森（Anand Swaminathan）想要知道哪一種創新方式是最好的——是向前跨一大步、重新設計腳踏車的公司比較可以在競爭中生存？還是採取比較穩健、但是往正確方向設計的公司策略？研究的結果發現，那些想要快速改變腳踏車設計的公司最有可能會倒閉，但是相同的結果也發生在那些改變緩慢的公司身上。因此從結論得知，採用兩種方法之間的折衷方式才是王道。**最可能生存的腳踏車製造商就是那些繼續運作他們舊有、良好的該辦事項，但在同時，他們也建立新的例行事務**。這些公司會維持舊有的生產線，但是同時也開闢新的生產線（在這個案例中，一個產品的週期約為四年。之後，公司會變得停滯不前）。員工的工作變得非常順利，而且過了一段時間之後，他們可以到新的生產線工作，並且把舊的工作習慣帶過去。產品生產期出現重疊的公司，也可以跟他們的供應商、經銷商、以及客戶保持慣有的關係，這一點也會進一步幫助公司的發展。

因此**有效率的公司，公司內的例行事務與習慣也會持續演化**。與其被卡在舊有的習慣中，員工會慢慢改變接受新的工作環境，而且帶來部分的操作舊習。許多在醫學、科技、及汽車製造業的研究都支持這種說法——慣有的行為並不會讓機構或組織毫無變化，我們可以、也一定會改變。不管是組織或個人的習慣或舊習，靠的都是我們如何運用從環境得到的反饋，以及我們是否已經準備好、並能夠做出改變。

日常習慣3 「行」的習慣

跟簡單的「行」相關的習慣就多得令人數不清。比方說開車這個習慣，就包括了我們自動操作儀表板上的指示燈、打開收音機、注意前方車輛是否減速，以及預期別的駕駛所做出的舉動——所有這些行為，為的只是要開車到超級市場買東西。**如果沒有這些習慣的話，我們就必須在記憶及決策方面付出相當大的精力。要是我們必須不斷想到如何踩剎車以及走哪一條路，我們一定會精神耗弱，甚至可能在倒車出車道時，就已經中風了。**

就社會層面來說，我們的開車習慣會帶來各種的環境問題。在英國，汽油的價格居高不下，車子也很貴，特別是倫敦的街道，到處都擠滿了汽車。最有名的就是，倫敦汽車平均時速約為一小時十哩，甚至低於十哩，因此才會有以下這條聳動的標題：「倫敦車輛的速度，不比雞跑得快」（雖然說雞必須用最快的速度奔跑）。當然了，許多旅程都需要用到車子，但是在城中有比車子更便宜、更有效率的交通工具，那麼為什麼大家還是不管交通嚴重阻塞而繼續開車呢？

開不開車，看習慣、社會化

不管是政治上或環境上的論點為何，從心理學的角度來看，人類的行為是需要被解釋的。「行」的選擇是因為習慣而強烈形成，因為它們可以徹底推翻我們想要改變的意願，但是到底這些習慣在剛開始時是如何養成的呢？從德國所做的一份研究中，我們可以一窺「社會化」對人類選擇使用或不使用汽車做為交通工具的影響。在研究中，一所德國大學約有四千個學生被問及他們「行」的習慣。研究人員從兩份報告中觀察可能影響學生如何到校的各種因素。除此之外，他們還被問到其父母使用公共交通工具的狀況、對擁有駕照代表正式步入成年的感受、以及同儕對不同交通工具抱持多少的開放態度。最後結果顯示，這幾個因素只有在想養成「行」的習慣範圍時，才會對「行」的選擇造成影響。換句話說，如果學生從小就習慣父母用車，這項早期建立的習慣行為就會在他們身上繼續下去。這項研究顯示人們可以多麼快速地可能繼承「行」的習慣，以及他們很快就不認同「同儕壓力」、「對選擇的掌握」等等我們認為會影響到他們選擇的因素。

但是這不表示我們所有「行」的選擇都是習慣性的，有許多選擇都不是習慣行為。但是習慣性「行」的選擇有一個問題就是只要它愈根深柢固，它就愈不會被我們刻意重新評估。比方說在夏天的時候，雖然騎腳踏車去上班會比較便宜而且比較健康，但是我們還是可能會開車去上班，因為這是在冬季天冷時養成的習慣。或者是我們可能毫不思索就用開車來計畫我們的旅程，因為我們一向就開車出門，從來沒有考慮過用其他如火車或大巴士的旅行方式。根據實驗室的研究，**如果習慣開車去一個不在走路範圍內的商店去買東西的人，就算是他要去一個走路就可以到的商店，他也不太可能考慮走路去。**

要鼓勵人們改變「行」的習慣是相當困難的。有研究顯示這其中的關鍵就是要大家在自動上車之前，必須刻意重新考慮其他的交通工具選項。但是很明顯地，說的要比做的容易。有一個被成功試驗過的方法就是發出免費的公車乘車證，這個方式可以用來降低開車的習慣。但是不管用的是什麼方式，都要考慮到雖然「行」的選擇在當初可能是用理性原因決定的，一旦它成為自動性、而且人們對它變得毫無知覺時，理性就會被一股腦兒地拋出窗外。要想破除像「行」的這種習慣，我們所需要的不只是慾望而已；我們需要的是一個明確的計畫，這種計畫在本書的第三部分就會談到。

日常習慣4　「飲食」的習慣

還有什麼比「飲食」更固定的事項呢？所有節食的人都知道，我們所吃的食物都會在身體累積起來。如果有人一天吃三千卡熱量，他一年就會吃超過一百萬卡熱量、一輩子則會吃到高達一億卡的熱量。我們每天都要對「飲食」做出各種決定，例如在哪裡吃、什麼時候吃、要吃什麼，以及要吃多少。上班時，我們可能會決定吃沙拉吧，而不會去吃速食，或者我們乾脆決定不吃中飯。晚上回家時，我們會選擇要自己做點吃的、或是把熟食拿去微波。但是因為我們有很多習慣都是沒有意識的，我們常常不會注意到自己的決定。就像我們每天固定會做的例行事項一樣，這些決定的效應會在一段時日之後顯現出來，而且大家都會看到其結果就出現在腰上。

那麼我們一天到底對「飲食」要做出多少決定呢？而這些決定有幾個是在我們有知覺的狀態之下做的？布萊恩．汪辛克（Brian Wansink）以及傑佛瑞．索伯（Jeffery Sobal）問了一百五十四名大學生，想知道他們對「飲食」做了哪些清楚的決策。受測者首先被要求估計他們每天對食物需要做出多少項決定，最後結果的平均是十四點四項，這個數目聽起來是很合理的。接下來受測者被強迫好好地考慮這個問題。他們被要求把「飲食」的習慣分成五個不同類型，這些類型就是每個記者在報導新聞時會認同的五個W：「誰

(Who)、什麼(What)、哪裡(Where)、什麼時候(When)、以及如何(『How(much)』,多少)。」比方說,你什麼時候吃、或什麼時候停止吃?你跟誰一起吃?你在哪裡吃等等。從這些問題中,他們對人們每天所做的食物決策,會有比較準確的評估。

等到實驗結果出現時,其平均值居然高達兩百二十六點七,這個數字讓大家大為訝異,因為它實在是遠遠超過他們當初的預估。為了檢驗這個數字,有三位受測者收到一個計數器。他們在二十四小時之內,只要每次做出以食物為基準的決策,就按一下計數器。這個實驗的結果也顯示出每天做出跟食物有關的決定會超過兩百次。這個研究對我們「飲食」的習慣做出了很好的示範,而且就跟開車習慣一樣,這些行為都是在我們毫無自知的狀況下發生的。

只要換了大盤子,食量就會增加

有評判者會認為把每天與食物相關決策的「預測值」及「真實數據」的差別誇大,是有點欺騙的行為。比方說,大家會認為「決定不吃」是跟食物無關的行為,但是事實上,這也是一種跟食物有關的決定。就算是我們只測量跟真正「吃下東西」有關的決策,其平均數也是每日高達五十九次。而且就像你可能會預測到的,胖的人所做的食物決策比較多，想必可能是他們會吃下比較多的食物。汪辛克以及索伯把這種狀況定義為「瞎吃」，而布萊恩．汪辛克也「瞎吃」為書名，寫了一本相當引人入勝的書。

這表示我們許多飲食習慣是在我們不注意的情況下，被十分簡單的習慣決策所暗示。從一份在電影院吃爆米花的研究中，大家可以看到在某些狀況下，我們對自己所吃的食物是多麼地沒有知覺。這個研究發現，拿到兩百四十公克爆米花的觀眾，會比拿到一百二十公克的觀眾，多吃百分之五十三的爆米花。多拿到一點食物的人會多吃一點，這個結果不會讓人覺得很意外，最令人意外的是，當事後被問及自己認為吃了多少爆米花時，只有百分之六的人會覺得自己比平常吃得多。接下來，當他們被告知有比較大桶的爆米花時，只有百分之五的人認為這個因素影響到他們的食量，但同時有百分之七十七的人說他們很餓，而百分之十五的人居然完全不承認他們有多吃。

在另一個研究中，研究人員故意把爆米花弄得比較難吃，結果發現在與爆米花桶的大小比較起來，難吃的爆米花對消費者的影響力比較小。我們常常自認自己的食量跟食物品質及胃口大小有關，但是這些研究結果卻跟我們的想像完全相反。事實上相對來說，我們從周圍環境得到的暗示比較小，但是一旦加上我們的習慣，這些因素會對我們的食量產生很大的效應。這種例子多得不勝枚舉——例如餐盤大小、跟我們一起進食的人、我們是不是在看電視等等——這些因素基本上都有一個共通點。就跟我們的開車習慣一樣，我們所處的環境會對我們飲食習慣造成暗示，而我們根本不會注意到自己所做的選擇，因為它們都是在我們無意識的狀態下所產生的。

日常習慣5 「購物」習慣

在過去幾十年中，公司推銷產品的方式起了很大的變革。產生這項變革的原因有兩個：一個是電腦科技與其網羅、處理資料的能力突飛猛進；另一個則是一項重要的心理學新創見。時至今日，這個變革已經不再是祕密，因為大部分的人都將這項證據放在口袋裡：「顧客忠誠卡」。

在發明「顧客忠誠卡」之前，當公司要推銷產品的時候，都是根據某些有限的研究方法，把顧客從廣泛類別中歸類成一類。比方說有一個叫做「價值、態度、及生活方式」(VALS —— Values, Attitudes, and Lifestyles) 的行銷分類系統就把消費者分成如「改革者」、「思考者」、「信徒」、「成功者」、「生還者」等等。理論上來說，每一類人都被認為有獨自的動機與資源。但，實際上，這些分類很粗糙，難以將複雜、多樣的個人歸類。

隨之而來的是「商店忠誠卡」，以及出現大量蒐集、處理顧客購買習慣資料的能力。在很短的時間之內，像「特易購」這類的量販店就發現：顧客購買習慣如同一座充滿珍貴資訊的寶庫。根據這些資料，他們可以看出在哪些店可以推出嶄新、昂貴的食物選項，以及店裡哪些角落是某些顧客不習慣光顧的地方。對大公司來說，能從資料中辨識及利用顧客的微妙習慣與模式，可以讓他們賺取億萬元的利潤。過去我們只是屬於某些模糊、不實際的行銷類別，現在則是只要稍微看一下消費者的購物歷史，我們就會成為鮮明的目標。以網路商店現在不遺餘力地蒐集我們的資料看來，恐怕這只不過是個開端而已。

對行銷專家來說，忠誠卡如此有用的部分原因在於，它可以準確捕捉顧客的購買習慣，而且我們的習慣居然可以預測未來的購買模式，有時候甚至會超過自己的購買意圖。有一項研究就是比較「購買習慣」與「購買意圖」。受測者被問及他們多久會在速食店買食物一次，接著，他們會被問到下個星期的意願：他們準備在速食店買食物幾次。研究人員發現當人們的習慣很微弱時，他們的意圖可以強烈地預測其行為。換句話說，如果沒有什麼購買習慣，人們會買他們想買的東西。但是如果人們的慣性很強，意圖只會變成很弱的行為預測工具。因此在**面對強烈習慣時，我們有時候買的東西並不是我們想買的，而是按照以前的習慣而購買的。**

顛覆行銷人員想法的購物習慣

強烈習慣會控制購買意圖的說法，跟我們直覺認為的購物經驗完全相反。對我們來說，我們會覺得自己要買某項商品，是因為它的用處值得我們出錢購買。既然我們很滿意當初購買的產品，我們就會持續這個購買習慣，一直到我們不再滿意這項產品為止。之後，可能是因為這項產品的品質下滑了，或是有更便宜的產品出現，我們的選擇才會改變。

我們的這種想法，完全跟行銷人員行銷模式一模一樣。如果你去閱讀行銷的教科書，裡面講的全都是顧客忠誠度以及滿意度。滿意的顧客就是忠誠的顧客，而忠誠的客戶就是有經濟效益的客戶。人們會從經驗中學習教訓，如果顧客對產品的評價很低，就會導致滿意度低，滿意度低則導致更換產品。

雖然對行銷人員及消費者來說，這是一個令人非常熟悉的說法，但是有各種情況暗示我們說大腦並不是如此運作。**如果滿意度就是讓客戶對產品維持忠誠的關鍵，那麼，為什麼有百分之六十五到百分之八十五對產品滿意，或是非常滿意的顧客會更換產品呢？原因在於，行銷人員對於人們何以會更換產品的行為不甚了解。**以單方面來說，從滿意度來預測人們的行為，只占了很少、甚至可能只有四分之一的準確度。對於一個研究習慣的人來說，這個說法很有道理，因為習慣很容易跟意圖變成兩件無關的事。只要當初下決定買某樣產品，而之後在相同的狀況下也一再購買，這種購買行為就可能變成習慣，這表示說我們在沒有考慮其他選項的情況下，會一再做出相同的決定。對許多購買行為來說，這種情形不會構成問題，而且會省很多時間。**「品牌忠誠度」會變得很重要的時刻，就是在全新不同的狀況下所出現的購買行為**。比方說，買一部新車就不太可能成為習慣性購買行為。

經過上面的討論之後，對於我們「為什麼購買」、「買什麼」這種看起來好像很簡單的問題，我們所得到的是蠻令人不安的答案——很多我們會經常購買的商品，是因為我們以前買過，所以我們會一再購買。這些一度符合我們要求、而且我們也曾經仔細考慮過購買的產品，到了今天不一定會符合我們的要求，換句話說，我們的需求以及市面上的產品，很可能在我們沒有注意的情況之下，也已經出現改變。更糟糕的是，我們會主動替自己的決定找藉口來隱藏這個事實，再加上我們常常無法滲透自己的潛意識，我們很容易就變成一種「毫無知覺的消費者」。

你是毫無知覺的消費者嗎？

因為習慣如此容易就能運作，它們的吸引力就變得很大。**人類就是心理學家所說的「認知的吝嗇者」**。這個名詞大體上來說，就是**我們會避免困難的決策**。因為「更換產品」會需要我們花費一些精神，我們才會打退堂鼓。另一方面來說，**習慣真的會讓我們覺得很舒適。當我們可以在不用花費太多精神的狀況下快速選擇商品時，我們會覺得比較有成就感**。所以每次購買、使用某項商品，我們會變得愈來愈習慣，而別的選項就距離我們愈來愈遠（除非我們買的商品或服務真的很糟糕）。相較之下，我們會避免張開大網網羅其他選項，而且刻意思考很傷神：其實也不需要想得太用力，但是所花的精神足夠讓我們懷疑，難道一罐稍微比較好吃的花生醬，真的值得我們花這個精神傷腦筋嗎？

我們的習慣可以強到對行銷人員為了鼓勵我們更換品牌而丟出的獎賞毫無反應，甚至連「消費者是理性的，而且會對獎賞有反應」的標準經濟理論都變成無效。因此有研究顯示習慣型的購物者，常常對類似像「特價」這種刺激性市場策略沒有太強烈的反應。習慣型消費者的消費習慣是如此頑強，連特價這種策略都無法讓他們動搖。

但是話說回來，並不是所有的購買行為都是習慣性的。有些人在花費一點必須投入的精神之後，很高興就轉換購買他們認為是物超所值的商品。但是對大部分人來說，我們可能有點彈性、同時具有購物習慣以及非購物習慣。比方說，我們可能每個星期會在同一個店鋪、習慣性的購買某個品牌的牛奶，但是像買新的電話就不是一個習慣性購買的行為。

人們在遭遇人生重大事件時，容易改變消費習慣

如果你看著廚房的櫥櫃，然後覺得為什麼老是一樣的產品在回瞪著你呢？或者是你看到每個月的雜貨用品支出帳單，後面多了一個零呢？**造成我們最有可能成為機械式、習慣型消費者的原因有三：時間不夠、分心、自我控制力不足**。這是事情的一體兩面：依賴購物習慣可以節省時間和精力，並且讓我們精神放在別的事情上面，但是結果就是，我們會一再購買相同的商品。通常來說，這不是一件壞事，但是就像俗語說的，「變化是生活的情趣」。你一直都吃一樣的食物，因為你在購物時感覺疲憊、而且會被別的事物所分心，這不就是無聊的最佳處方嗎？問題所在就是，老習慣很難根除。

但是，**有時候我們的確可以因為生活出現改變，而把舊有習慣剔除**。這種說法首次被消費者行為專家艾倫·安魯森（Alan Andreasen）所證實。他提出在人們生命中的某些時刻，他們的消費行為最容易改變。他訪問了好幾百個人，請教他們在過去六個月中，是否有

改變購買不同廠牌的商品，以及是否遭遇到人生中不管好壞的重大生活事件。當他察看這些資料時，**他發現被訪問者遭受到的重大生活事件愈多，他們愈容易更改使用別家廠牌的產品**。**這些重大生活事件包括換工作、結婚、搬家、或轉學等等**。不只如此，這些改變產品使用習慣的人，也對他們的改變感到滿意。之後的研究也指出生活上的重大改變，很可能會導致消費行為的改變。

就跟我們自己告訴自己的故事一樣，學術上對這些改變的解釋，經常是非常複雜，而且有時候被誤導。事情的真相可能比較簡單：**生活上重大的改變表示我們所處的狀況有變，所以舊習慣就會被打亂**。比方說在搬家之後，你到不同的商店買東西。這個商店的物品陳列方式跟你以前去的那家完全不同，所以突然之間，出現了一個再次需要你用心去查看商品的機會。或者是在你換了工作之後，你的薪水提高了，因此你想要升級購買比較貴的商品。在兩種狀況之下，不管你願不願意，你又回到一個令人困擾的局面，你必須花費精力做出重要決定，比方說要買哪個牌子的咖啡，或者要把衣物送到哪家乾洗店等等。

• • •

在某些時候，大部分的人會覺得每天單調又無趣的生活，會讓我們感到情緒低落，其中不只是包括工作，我們日常必須做的瑣碎事項也讓我們覺得生活一成不變。有時候我們想要突破、做一點不一樣的事。比方說我們想看一點新風景、認識一些新朋友等等——我們會想從事這類的行為，稍稍改變我們每日單調的例行事務。但是，只要試過這個方法的人都知道，根深柢固的習慣難改，而且這種情況會隨著年齡漸長而變得更加嚴重。**習慣會創造出一個非常安全舒適的空間，但在此同時，這個安全空間也變成難以逃脫的牢籠**。

舊習難改的其中一個因素就是，我們在進行習慣時，根本沒有知覺。當我們購物、與人相處、吃東西、工作、及「行」的時候。我們很難察覺我們會對相同的情境做出相同的反應，而且有時候，這些反應還可以進化。對於每日的例行活動而言，第一步就是注意到我們每天的習慣性行為。**對想要改變及改進其慣性的公司或組織來說，它們必須注意自己在做什麼、以及它們對這些行為的因應行動**。對那些想要改善飲食習慣的人而言，第一步就是要注意他們現在吃的食物。對於想改變「行」的習慣的人，第一步則是要先停下來想一想有哪些選擇，而不是遵照以前的老習慣。

如果我們可以注意到自己行為的話，日常生活不一定是這麼單調無趣的。也許把自己交給骰子的隨機性來決定自己的行為，是有點太超過，但是一定有方法可以把很多事情混合在一起，來改善我們每日的存在。就像是那些成功通過市場考驗的腳踏車製造商，我們必須嘗試找出哪些例行公事可以幫助我們或是讓我們窒息，然後找到方式來替代它們。但是有一點，就是這種事情急不得，要慢慢來。

06 STUCK IN A DEPRESSING LOOP
卡在憂鬱的循環

在十一歲的時候，史丹利開始迷戀於「完美對稱」。突然之間，他做的所有事情都必須有對稱性。他的字必須寫得非常完美，那些直線、曲線、點，都一定要完美無瑕。當他走在街上時，他的手臂擺動必須跟邁開步伐的雙腿產生完全相應的節拍，讓自己看起來就像是機器人走路一樣。在學校考試的時候，他更是會專心一志、分毫不差地塗滿答案方格，對他來說，這個動作比完成考試的所有試題要來得重要。後來，他的腦中一直出現一些特定的數字，特別是數字「六」會在他腦中不停盤旋。接著，他開始重複自己的行為最少兩次。他會一次又一次地重新檢查他的送報路線，確定自己不會漏掉任何投遞。很快地，這些習慣開始掌控他的生活，史丹利把這些讓他走火入魔的事情稱為「腦海中的蚊子」。

史丹利罹患的是稱為「強迫症（OCD）」的神經官能症。他也是朱迪絲・洛波玻特醫師（Dr Judith L. Rapoport）在其著作《無法停止洗手的男孩》（*The Boy Who Couldn't Stop Washing*）所記錄的主角，而且他絕對不是單純的個案。患有此種病症的患者數目，在任何時候都有高達百分之二的人口。這表示在美國可能約有六百萬人有「強迫症」，而在英國約有一百多萬人患有這個疾病。「強迫症」是焦慮症的一種，患有這種病的病人會有強迫性或習慣性的想法，比方說，如果患者想「保持清潔」，他就會被強迫做出例如不停洗手的重複行為。有「強迫症」的人幾乎都很清楚他們有強迫性的思維，而且會一再重複相同的行為，但是他們卻無法讓自己停止。「強迫症」是因不請自來、重複、焦慮思維所引起的一種失調症狀，患者會出現強迫行為，是因為這個行為可以幫助紓解強迫思維所帶來的焦慮症狀。

強迫症患者無法將非理性思維忽略或摒棄

患有強迫症的病人會有各式各樣的強迫及強制症狀，但是在所有不同文化及國家的強迫症患者，普遍都出現三種強迫症狀：「清潔」、「確定事情都做好了」、以及「一切都要井然有序」。但是這些症狀並不是古怪、瘋狂到讓人無法同情的強迫行為。誰不會想要清理房子、洗手、檢查爐子開關是否已經關上？也許你在清潔、檢查該做的事情或洗滌方面，要比一般人來得稍微勤勉一點？根據研究，大部分人的腦海中偶爾會閃過一些無由而至的思想、意象或想法，只是有些人的次數會多一點。這個說法很有道理，因為有各種絕佳理由都可以說明為什麼清潔、有組織能力、或是準時這類行為是有好處的。甚至連那些總是遲到、邋遢、以及毫無組織能力的人都知道他們的行為不是很理想。

到底是什麼原因，會讓一般、日常的擔憂越過正常界線，而變成一種失調症呢？雖然我們無法得知確切因由，但是有一些令人信服的理論可供我們參考。「**強迫症**」**患者的問題，就是他們無法把相對來說比較正常的憂慮、思維、或意象，跟腦中經常出現的亂七八糟的思維一樣忽略或摒棄**。

相反地，類似像「用刀砍殺某人」的這種令人憂心的意象，可能在一開始的時候只是輕輕地閃過腦海，但是這個意象卻得到了不該有的重視。強迫症患者會對這類的意象念念不忘。他們會開始相信自己可能會做出這種行為。為了想抵制這個已經預見的行為，這個人可能會強迫性的避開刀子，而且會一直不斷地查看孩子安不安全。這是對非理性思維的正常理性回應，而且這個回應是有用的：雖然只是暫時的，但是這個令人擔心的想法被消除了。這個強迫性習慣行為，就變成一張安全毯，可以安慰受到這個症狀折磨的病人。但是用強制行為紓解因癡迷所引起的焦慮，會造成一個強化的循環。換句話說，當這種習慣愈來愈強時，強迫性患者的精神狀態會愈來愈糟糕。

強迫症患者的辛苦還在於伴隨其他精神疾病

強迫症患者不只是要與其習慣性的強迫或強制行為共處，他們常常還有其他精神疾病。三分之二的強迫症患者在生活中的某一時期，也會遭遇憂鬱症的困擾，而且有高達百分之九十的病人患有其他重大失調症。這個統計強調了精神健康問題中相當重要的一點：患者經常無法完全符合診斷理論。有憂鬱症的人通常也會感到焦慮，而強迫症的患者常常也感到憂鬱等等。於是現代觀點就認為這些失調症會接踵而來，但是其重疊部分不只發生在不同種類的精神健康問題，它們也會跟（所謂的）正常人產生重疊。所以不只是強迫症患者的腦海中會出現揮之不去的想法，正常人也會出現這個狀況。

自然而然地，心理學、精神病學，特別是心理分析的用詞，會開始在日常生活大量出現。我們很多人現在都對一些名詞如「發作」、「發洩」、「躁鬱」、及「邊緣（人格）」很熟悉。也許這些不是很常用的名詞，但是在最近幾年來，很多人都開始認同這些名詞，而且情況嚴重到幾乎是錯誤性的濫用。例如有人可能會說「我對清理廚房根本是到了『強迫症』的地步」這類的話。當我在自己的網站做民調時，這個名詞被選為是最令人討厭的心理學術語。對於使用這類術語會冒犯那些痛苦患者的說法，我感到有些認同。但是另一方面來說，當我們談論「正常」或「不正常」的精神狀態所流露出的這種不經意用詞，會讓別人了解知道你的人格。這種現象表示「正常」與「不正常」之間的差別很小，以及我們日常生活中「正常」與「不正常」的體驗。

有強迫症的人對某事的癡迷程度看起來好像很怪異、很極端，特別是對那些接觸過強迫症的人來說，更是如此，但是這種癡迷卻根存於人類的本性中。我們每個人都會擔憂、也想感到安全。習慣可以讓我們感到安心，但同時也可能會變得無法控制，所以習慣是我們的救星也是詛咒。

• • •

妥瑞氏症患者的強迫行為像極端習慣

「妥瑞氏症（Tourette's syndrome）」患者所經歷的強迫行為跟強迫症患者有點類似。這種病症最常見於小孩身上，其表現方式有非自主式的口出穢言，但是只有約百分之十的患者會出現這種症狀。這兩種失調症很相像並不令人驚訝，因為它們的遺傳基因很相似，而且經常是合併症：也就是說妥瑞氏症病人也常是強迫症患者。患者說他們感覺體內會累積某種衝動，而且必須透過行為表現才能化解，比方說自己的手肘往外一拐或其他身體的動作。患者的抽動行為會被心理的內在過程以及環境狀況所刺激而發作，而且他們的衝動會因為壓力而變得更加惡化。

就像強迫症患者一樣，妥瑞氏症病患發現他們很難停止這些非自主性的行為。而且也跟強迫症患者一樣，妥瑞氏症病患也被視為與基底核的作用有關。基底核是深藏於腦中的一個結構，對於習慣學習相當重要。因為這種病症有強烈的生理因素，所以常常用藥物來幫助減緩症狀。

妥瑞氏症患者的抽動行為就像一種極端的習慣，但是，有些最常出現的抽動行為同時也是常見的社交訊號，比方說，皺眉、點頭或雙手一抬，表示你的無可奈何。其實這些動作可以說是，對社交習慣失去控制的結果。就像一般的習慣一樣，這些行為也經常在不自覺的情況下，觸發或是對應某種情況的自動反應，而且也像壞習慣一樣，患者急切地想要改變這些習性。不同的是，妥瑞氏症與強迫症患者所表現出的抽動行為與習慣經常是難以禁止，而且會對日常生活構成許多困擾。

雖然妥瑞氏症與強迫症病人常常需要吃藥，但是心理學技巧也可以提供幫助。有一個常用的心理學干預方式就是「習慣反轉訓練」。雖然這是為妥瑞氏症患者設計的方法，對於那些想要改變習慣的人來說，治療師所用的治療方式值得多多借鏡。

想改變習慣的人試試「習慣反轉訓練」

——

「**習慣反轉訓練**」**的第一階段就是：病人對自己出現抽動的行為要有所知覺**。妥瑞氏症患者常被要求注意他們的動作，其協助方式是讓他們看自己的錄影帶，之後他們會試著找出可能會觸動這種行為的內在或外在因素。這些因素可能是周遭環境出現改變，比方說玩電腦遊戲，或者是內在出現的一個想法或感受，比方說想到蝙蝠俠。這個方法是基於如果病人的警覺性愈高，預防後續抽動行為發生的機會就愈大。同樣地，**先有警覺、然後注意到自己好或不好的習慣，對大家來說都是一個很好的練習**。但是更重要的是，我們要知道自己會在什麼狀況之下做出習慣的行為。如果不知道習慣會在什麼時候出現，就很難達到改變的目標。

第二階段就稱為「對抗反應訓練」。在這個方法中，抽動的行為會被另外的東西取代；也就是說「壞」習慣會被較不壞的習慣所取代。比方說，許多妥瑞氏症患者會冷不防地突然把頭偏向一邊。與其做出這個非自主的行為，他們學會用繃緊脖子上的肌肉做為對抗反應動作；或者是患者出現「嗅」的行為，治療師就會鼓勵他們用嘴巴深深地吸氣。你可能會問為什麼治療師不試著用「沒有動作」來代替這些行為。但是，研究指出這個方法也不管用，等一下我們就會知道為什麼。**改變習慣治療方式的實用結果就是，需要發展出一個對抗反應**。雖然壞習慣很難更改，但是卻可以被避免。這就是為什麼抽菸的人會嚼口香糖，因為同時要進行「抽」和「嚼」兩個動作是很困難的。

這兩個階段就是治療的重心：**第一、要注意到自己的習慣，接著就是要培養對抗反應**。雖然這兩步可以讓我們開始改變，但是它們不一定能讓改變持續。為了能讓改變持續下去，你必須要有動機、毅力以及堅持的態度。有種種原因會讓改變成為一件困難的事，但是這個治療方法告訴我們兩個重要起跑點：注意到要改變的習慣，以及用另一個行為代替這個習慣。

雖然要改變極端習慣很困難，有證據顯示「習慣反轉治療」對妥瑞氏症患者是有效的。在加州大學洛杉磯分校教授約翰．皮森提尼（John Piacentini）領導的一個隨機對照實驗中，有一百二十六位有中等或嚴重抽動行為的兒童加入實驗。其中一半的兒童被給予習慣反轉治療，另一半則是給予一般協助性的資料與教育。十個星期之後，對照組中只有百分之十八點五的兒童有進步、或是進步很多，但是經過習慣反轉治療的群組，則是有百分之五十二點五的兒童有進步或是進步很多。這表示只要努力，甚至連最極端、根深柢固的習慣都可改變。但是請注意這種改變沒有那麼簡單快速。

在這項研究期間，這些兒童一共花了十個小時與治療師在一起，還要加上父母的幫助與支持（還有，有三分之一的兒童也在服用強力的抗精神病藥物）。幸運的是，大部分的人不需要跟自己的生理系統全面開戰，我們只是需要對抗不變的例行公事。但是，如果這些兒童可以成功地對抗不自主的抽動行為，那麼我們要改變比這些習慣更簡單的生活型態，不是應該沒有問題嗎？

⋮

當我們感覺憂鬱，不管昨天的感受為何，我們會覺得整個世界都很灰暗。心情不好會改變我們對世界的感受與體驗，讓我們墜入悲觀與黑暗。但是在第二天早上，大部分的人會覺得這是個美麗的世界，就算我們昨天覺得這是個腐朽、無能、迷失的世界，但是今天我們看到了機會、成功以及未來的希望。但是對有些人來說，這個美麗的黎明永遠不會到來。對他們來說，這個世界還是晦暗不明，而且看起來沒有活下去的必要。

憂鬱症最核心的問題很簡單：如果壞事都會發生在每個人身上，為什麼只有部分的人會變得很憂鬱？事實上，有些人好像可以應付發生在他們身上所有的倒楣事，而且很快就可以從中恢復，但是卻有很多人因為一些雞毛蒜皮的小事，而墮入萬丈深淵。我們其他人則是屬於中間地帶，儘量應付那些無可避免、令人不快的事。

為什麼總是有人老是憂鬱、開心不起來？

但是就像很多簡單的問題一樣，這個問題的答案很複雜、而且還不完整，但是有一點是很明確的，這個答案跟我們的思維模式有關。憂鬱不只是（也許一點都不是）大腦的生理疾病，它是一種關於發生在我們身上的事，以及這些事為什麼會發生的思維。在許多方面來說，憂鬱的核心過程就是一系列的習慣性思維。以下我們就來討論憂鬱的兩個核心思維模式。

憂鬱的第一個思維習慣的問題就是「評價」。「評價」指的是我們試著去找出生活意義的方法。人的大腦是一種「意義機器」，因為我們總是想去理解為什麼有些事會發生在我們身上。**我們思考「為什麼會有這些事發生」的慣有思維，對於我們看待世界的眼光以及體驗有著非常深層的影響**。比方說，假設你明天就失業了。你把履歷表準備好之後，就開始找新工作。但是找新工作不容易，因此，你有段時間是處於待業狀態。類似這種事很容易讓人感到憂鬱，而你對這種狀況的習慣性思維，會部分決定你會不會得憂鬱症。

讓我們假設你用下面的方式來詮釋你的失業。總體狀況來看，你覺得失去工作是因為經濟不振，而公司在不得已的情況下必須裁員。雖然你已經待業一段時間，但是只要你一直找工作，你很有機會在不久的將來就會找到工作。你不會訝異地了解這個想法是一個非常「非沮喪型」的反應。綜合觀之，你對這個事件的看法可以歸納如下：

1．失業不是你的錯，是因為經濟因素才害你失業。換句話說，這個藉口是外在的，你不是因為工作做得不好才失業。

2．這個狀況只是暫時的。你認為整體經濟會恢復。

3．你可以掌控大局：只要你繼續找，一定會有工作出現。

這些想法也許是、也許不是客觀現實的看法，但是我們感興趣的是主觀現實，也就是你自己的感受。如果一個人有「負向歸因性格」——這是一種悲觀性思維，他的想法則是完全相反：

1．我失業是我自己的錯。
2．我永遠找不到另一份工作。
3．我一點辦法都沒有。

這類想法為什麼會讓你覺得沒有希望的原因是很明顯的。當你習慣性地把負面事件發生原因歸咎在自己身上，而你覺得無法掌控、而且會永遠持續的時候，這很可能就會把你帶入一個憂鬱的境界。許多研究持續指出，這類的習慣性想法起碼是造成憂鬱的部分原因。有一項大型研究評估五千個學生思考模式、並追蹤其後續發展達兩年之久。在這些學生中，有一百七十三個學生表現出這種對世界持負面想法，而其中有百分之十七的人出現嚴重的憂鬱症現象。在其他的學生中，只有百分之一的人有嚴重的憂鬱症發作。

我們對自我評價習慣高於旁人

如果「歸因偏見」可以幫助解釋為什麼有些人會覺得憂鬱，那麼我們其他人不會因此而覺得憂鬱，又該做何解釋呢？生活當然會讓人們覺得消極，但是多數人只會心情低落一陣子，然後就回復正常。換句話說，讓大多數人可以不受憂鬱困擾的思維習慣是什麼呢？有一個很重要的因素就是這種「負向歸因性格」的翻版，其名稱為「自我目的的偏見」。我們知道大部分的人都用這種習慣思維的原因，就是因為心理學家在過去幾十年的研究中，看到了這種思維的效應。在這些研究中，人們會被問及以下的問題如：

1. 跟別人比較起來，你的慷慨程度如何？
2. 跟別人比較起來，你的善心程度如何？
3. 跟別人比較起來，你的懶惰程度如何？

從研究中，**我們發現人們一再把自己的評價稍微高估於旁人。我們傾向於相信自己比別人慷慨、合作、有愛心，但是比較不那麼懶惰、善於欺騙、好爭鬥。這種「自我目的的偏見」不但出現在人們的抽象特性中，它也出現在實際的行為上。**如果你請人們預測他們是否會在街上幫助一個跌倒的陌生人，他們會說他們會比別人更可能去幫助這個陌生人。當然了，這個說法不會是真的，因為不可能每個人都會超過平均值。我們大多數人只屬於平均值，而且根據定義，幾乎有一半人都低於平均值。

有一個研究是把全世界兩百六十六個「自我目的的偏見」的研究結果整合在一起。

研究人員發現這種效應的整體影響十分巨大，這表示說這種效應很容易被看出來。而且與亞洲人比較起來，「自我目的的偏見」在西方人身上比較強烈，美國人更是如此。但是總體看來，與他人相較之下，對自己抱持正面思考的態度，不管從哪裡看都是十分強烈。但是有個地方例外。憂鬱的人不太有「自我目的的偏見」，事實上他們對自己的看法相對來說非常正確，很可能這也是問題的原因之一。但是這不表示憂鬱的人是壞人，完全不是這個意思，而是我們這些其他人似乎必須要透過如玫瑰般的夢幻眼鏡去看自己，才能讓自己應付生活的挑戰。

憂鬱、焦慮的人常有「反芻」的習慣性思維

另外對憂鬱症似乎很重要的一種習慣性思維稱為「反芻」。假設我把你放在一個房間內，放上一些令人消沉如「電台司令」（Radiohead）的音樂或巴伯（Barber）的〈弦樂慢板〉（*Adagio for Strings*），然後要你看一個非常令人沮喪的故事，其內容談到的是一個在無預警的狀況下痛苦死亡的至親（真是一個「快樂」的派對）。之後，我要你好好思考你腦海中出現的想法，確實地考慮你的情感、失去親人的感受以及這件事對你的意義（你還玩得愉快嗎？）。這正是一個早期研究中、研究人員對其實驗對象的做法。「反芻」組的反

應就被拿來與另一組做比較。但是不同於「反芻」組，另外一組人做的是讓他們分心的活動，而這個活動的設計就是要他們忘記剛才的音樂及故事。你一定不會驚訝地發現那些被分心的組員，比較可以快速地從令人消極的故事及音樂中復原。這項研究的實驗對象在臨床上並沒有憂鬱的傾向，但是這種習慣性思維，卻常常在憂鬱、焦慮的人們身上發現。

在某些方面來說，當你身旁出現令你意志消沉的事件時，「反芻」看起來是一個讓你回應這些事件的好策略。使用過這個方法的人常說他們是想去了解、解決他們的問題。但是實際上來說，研究指出「反芻」會干擾問題的解決，而不是協助解決問題。就像我們前面所提過的，其中部分原因要歸咎於，我們無法進入潛意識，以及無法得知為什麼我們會有某種思維和行為表現的真正原因。當然了，「反芻」與讓自己分心，並不是唯一讓我們處理生活困難狀況的兩個習慣性方法。

你還可以試試壓制、或是儘量避免這些思想。透過整合一百四十四個不同研究以及幾千位參與實驗者，有一個研究把「反芻」與這些策略以及其他策略做一比較。研究發現「反芻」現象與精神病理學的關聯最強，一般說來，這些精神病理包括：飲食失調、上癮、焦慮以及憂鬱。雖然習慣性思維對憂鬱、焦慮與其他精神問題來說，是很核心的，不過，這些思維並不能解釋所有的問題。它們只是最好的示範，可以說明習慣性思維會如何讓我們陷入低潮的泥淖，或是以「自我目的的偏見」來說，如何幫助我們從麻煩中脫逃。

• • •

什麼是認知行為治療？

——

現代治療憂鬱及焦慮最有效的非藥物療法就是「認知行為治療（CBT）」。這種治療方式的核心思想就是憂鬱及焦慮可以用改變思維習慣而得到緩和。這種治療法認為某些特別狀況會一再自動暗示不健康的負面想法，以下就是一些例子：

1. **黑白分明的思維**：相信自己如果在某事達不到完美，自己就是失敗者。
2. **個人化**：假設有不好的事情發生時，都是自己的錯，而不會怪罪於運氣不好這類的理由。
3. **災難化**：根據相對有限的證據，直接歸納、跳到最嚴重的狀況。

還有很多類似這種常見的習慣性思維。大部分的人只會偶爾想到這些事情，但是對有憂鬱現象的人來說，這些想法會變得很強大，而且開始掌控他們的生活。當你碰到最小的刺激就直接跳到最糟糕的結論，你的生活態度真的會變得非常消極。

就像妥瑞氏症患者的認知治療一樣，「認知行為治療」會請病人先試著確認這些自動的負面思想。就像我們先前看到的，這是個很困難的工作，因為它們是自動、無法察覺的。但是如果跟有經驗的治療師合作，這個工作是可以做到的。之後，「認知行為治療」會用問問題的方式，來確定習慣性的思維是否是合理的。病人會被要求回想他們過去的經驗，然後看看他們所想像的災難結果是否發生過。請注意，「認知行為治療」的目標，完全不是要病人有正向思考，或是把某個念頭拋諸腦後。想要避免某個念頭是相當困難的。「認知行為治療」是要嘗試把毫無益處的想法替換成比較有益的想法。它的方式是想用某項念頭本身的重量，來壓倒它自己，就像是一種腦中的柔道角力。

小心你的思維，它就像顆種子，不管好壞都不斷滋長

同樣的過程也用來挑戰自己的中心思想。我們看到憂鬱的人習慣性地把負面事件歸咎在他們自己身上，他們相信這些事件根本無法掌控，而且永遠不會改變。「認知行為

治療」也用類似的工具針對這些中心思想做出治療。治療師會試著查出為什麼他們會出現這些對自己的負面想法、並試著教導他們要多珍惜自己一點，並燃起他們對「改變是有可能」的希望。問題是這些習慣性思維多年來已經變成根深柢固，而且十分難改變，同時這些思維也比較接近人們的人格核心，因此要他們去反思是很令人痛苦的。因此很自然地，**想要改變一個自認自己是失敗者的想法，就算是只改變一點點，也需要花上很長的時間**。

對於我們這些只想改變比較小規模的思考模式來說，希望很明顯就在眼前。雖然這些思維沒有那麼頑強，但是我們還是很可能會碰到相同的挑戰，其原因如下：（一）、我們很可能對部分、甚至全部的習慣性思維過程，完全沒有自覺。（二）、因為狀況或其他思維的自動暗示，習慣會抗拒改變。我們想要改變思考模式的原因在於，因為它們對我們一點好處都沒有。如同某些行為的習慣很容易在原本目標根本都被忘記之後，還繼續存在，根深柢固的思維也是一樣。**許多人的思維模式早就過了期，但是這些思維會繼續存在的原因，完全是因為它們變成了慣性的思維**。

比方說，自尊心的問題。自尊心低的人習慣性地認為自己比別人差，而這種想法很可能是從孩童時代就有，或者是在成長時受到他人影響而加強了他的信念。但是，這也很可能是一個自我心裡暗示：如果一個人的對外表現就是比較沒有用，他的社會地位就會比較低，如此一來，更加強了他自貶身價的觀念。要想從這種思維循環中跳脫非常困難，但並不是不可能。**關鍵就是要問你自己，為什麼你會這麼想，以及把這些想法拿到現實生活中測試**。你真的像你自認的那麼沒有價值嗎？當然不是。另外的關鍵就是要處理那些核心原因歸屬問題，比方說把過錯及失敗都歸罪到自己身上，而且事情永遠都會這樣、而你無法改變這個命運等等。

• • •

但並不是所有的習慣性負面思維都是壞的、必須被改變的。因為心理學家經常面對的是那些有習慣性負面思維而感到憂鬱的患者，所以我們對於習慣性負面思維的認識較為深入，因此我們對那些無害、甚至是正面的習慣性負面思維比較沒有研究。這聽起來好像是矛盾，但是實際上並沒有衝突，因為習慣性負面思維也可以出現正面的後果。事實上，正面與負面後果之間只有一線之隔。

思維的性質

最簡單的例子就是「擔憂」的問題。雖然我們已經談過擔憂以「反芻」與「焦慮」的面目出現，以及它們的負面結果，但是擔憂對你也會有益處。比方說**有研究指出比較會擔憂的人，工作表現愈好、比較會處理壓力問題、在學校功課表現較佳。他們甚至身體會比較健康，因為他們較有可能會從事促進身體健康的行為。**其實想一想，這當中的原因很明顯。比較擔心工作表現的人，比較可能去嘗試改進工作效率，而相同的原因，也可以解釋學生的學業表現，以及增進健康的行為。因此，問題就變成是擔憂的種類。**艾希特大學（University of Exeter）教授愛德華．R．華生斯（Professor Edward R. Watkins）提出有建設性與無建設性的擔憂，其重要分別就隱藏在思維的性質。**

讓我們假設兩種不同的擔憂。第一種是假設你很擔心自己的健康問題。比方說你注意到自己的腿會痛，於是你開始擔心，而且因為這個問題，讓你開始想到其他身體的毛病以及身體衰弱的整體問題。你很抽象地想著你還有多少時間可活，然後你的想法變得愈來愈病態，你開始想像有多少人會來參加你的葬禮。而在你想像的同時，你的腿持續地疼痛。第二種擔憂則是如下：你開始擔心你的腿，於是你想到會不會是打網球的時候拉傷了肌肉，接著你去找醫生檢查原因。

雖然這種解釋有點粗糙，但是請注意**在第一個例子中擔憂是抽象的，而在第二個例子中出現的是一種解決問題式的擔憂**。也請大家注意到抽象式擔憂的最終結果——設想腿上的疼痛就是生命結束的開始。這表示只要習慣性自動思維導向稍微出現不同，其結果就會有很大的差異。**跟擔憂引起存在危機相較之下，解決困難型的擔憂會讓一切事情比較順利**。

但是對某些人來說，生命就是一個超大型的存在危機。在喜劇中，這種刻板印象的最佳例子，就由伍迪．艾倫（Woody Allen）及賴瑞．大衛（Larry David）所創造的兩個角色成功刻劃出來。他們想盡辦法讓其固執的負面思維合理化。這種所謂的「防禦型悲觀者」盡其全力地預測事情會如何地出現重大問題。他們二人對未來所發生的事件沒有抱持多大的期望，但是卻花上很多時間去想像，他們即將來臨的災難會出現哪些確切的狀況。「防禦型悲觀者」真的是超級的杞人憂天者。

準備失敗不算是什麼聞名的成功策略，但是對「防禦型悲觀者」來說，這種方法似乎很管用。**跟固執的杞人憂天者一樣，防禦型悲觀者「每件事都會出問題」的直覺，會讓他們出現解決問題的動力**。對那些天生就非常悲觀的人來說，這個策略被證明是有用的。但是請注意，研究指出，這種方式對那些習慣性思維比較中立、或樂觀的人來說是不管用的。但是這個策略的確說明甚至連那些超級的杞人憂天者——也就是那些長期懷

有固執、習慣性負面思維的人，可以從解決問題式的習慣中受益，而不會將其精神放在抽象的擔憂上。

• • •

當人們想到壞習慣時，他們第一個想到的就是一些潛在的自我毀滅型行為如抽菸、喝酒、或賭博。雖然習慣思維不一定明顯到大家都看得到，它們還是會對我們如何體驗人生產生重大影響。我們在這一章看到「強迫症」、「妥瑞氏症」、「憂鬱症」和「焦慮症」的患者，他們其實跟「正常」人的分別，並不像我們想像中那麼不同。引起這些疾病的關鍵就是負面思維，而這些負面思維對大部分人來說，也是日常生活中的一部分，只是它們的影響範圍沒有那麼大而已。**負面思維本身不一定是壞的——其實它們是很中立的。問題就在這些負面思維會不會幫助我們解決現實生活中的問題，或是變成一種無用的癡迷、並霸占了我們的精神生活。**許多習慣性負面思維會有正面結果的事實，只會證明習慣性負面思維是多麼有用的理論（請參考「防禦型悲觀者」的例子）。

已經發展出來治療負面思維的醫療方式，讓我們可以挑戰造成問題的負面思想。這些方法的第一步就是要找到造成問題的思維（光是達到這一點就很不簡單），接著就是嘗試調整它們。「認知治療」則是試著利用患者本身經驗，重新檢視他們的習慣思維，以便創造出轉換方式。我們可以捫心自問，自己有點瘋狂的恐懼是否真的其來有自、自己的目標是否實際，以及自己與世界的互動是否可以更進步。（注2）

當然了，並不是所有的反覆性思維都是負面的。在光譜的另一端就是正面的習慣思維。我們討論了「自我目的的偏見」就是反覆性正面思維的表徵；「自我目的的偏見」是一種習慣思維，它會幫助我們以比較正向的眼光看待自己及親友。除此之外，還有許多不同種類的正面思維，比方說重複地想著自己有多麼幸運、讓你的思維回到過去的快樂回憶、以及做一點令人愉快的白日夢等等。透過練習，我們可以訓練自己定期從事這些「快樂的習慣」，這樣我們便能跳出憂鬱的循環，並且改善每日生活的經驗。

注2　如果需要憂鬱症的自助型書籍指南，請參考我的文章：“6 Self-Help Books for Depression Recommended by Experts,” http://www.psyblog.co.uk/2008/01/6-self-help-books-for-depression.php

WHEN BAD HABITS KILL 07
當壞習慣變成致命時

一九八八年八月三十一日，一架按照平常時間起降的達美航空一一四一國內班機，在達拉斯沃思堡國際機場跑道上滑行準備起飛。在駕駛艙中的一切運作也都正常，飛機起飛前的所有例行檢查均已完成。早上快九點的時候，第二副駕駛照例說出了例行檢查中的標準句：「襟翼」，而副駕駛回答：「十五、十五、綠燈。」在起飛程序中，副駕駛和第二副駕駛對答的詞句占了十分重要的地位。

大型商用客機的機翼設計，是針對客機在四萬呎高度飛行時可以達到最大效益為考量。但是在起飛時，機翼無法協助抬起重達七十噸的飛機從地面爬升。因此為了起飛，飛機機翼必須要變大：這個目的可以透過打開機翼前方的前緣縫翼以及後方的襟翼而達到。在他們所操作的波音七二七客機中，副駕駛會在駕駛艙中移動控制桿，然後檢查綠燈是否亮起，以確認它們都已經啟動。如果襟翼和前緣縫翼沒有開啟，當駕駛把控制桿往後拉時，飛機將會徹底缺乏該有的爬升力。

對在地面觀看起飛的觀察員來說，這架飛機的起飛狀況看起來不太對勁兒。在幾秒鐘之內，飛機機鼻的位置太高，而且飛機的後方開始出現一些火星。在駕駛艙中，操作桿開始劇烈搖晃。這個現象告訴駕駛，飛機正在失速：也就是說飛機快要從空中墜下。地面觀察員看到這架飛機左右搖擺不停，此時從座艙通話紀錄器也傳來了駕駛說「我們會墜機」的聲音。飛機的爬升很快開始出現晃動，在起飛二十秒後，飛機右翼撞到了一支天線，因此飛機開始打轉，最後在地面墜毀。在飛機撞擊地面與隨及出現的大火中，機上一〇八名機組組員與乘客中有十四人死亡、二十六人重傷。

為什麼會出這麼大的錯？

當美國國家運輸安全委員會調查這架飛機失事的事件時，他們找到了兩個重大的原因。這班飛機的襟翼與前緣縫翼並沒有設定在十五，而是設定在零。「零」是飛機在正常飛行狀態下的設定，而不是在起飛與降落時的設定。除此之外，在機翼錯誤設定的情況下，機師如果要起飛，駕駛艙中的警報器應該會響。很不幸地，警報器因故障而無聲。他們不能起飛的原因很明顯：因為飛機的爬升力不夠。問題是，過去機師已經成功完成許多次起飛前的例行檢查，但是，為什麼這次會出這麼大的差錯？

駕駛客機在許多層面來說都是例行事項。為了確保飛機已經準備好起飛，機師必須養成習慣，執行所有必要檢查，而這些習慣都已經有系統地編寫在檢查表上。所有的標準作業都有一張檢查表，但是最重要的是，飛行中最危險的兩個階段：起飛與降落。這些清單往往很冗長，而飛行短程距離的機師可能一天最多會核對到十次之多。

在一一四一班機失事調查中，重點就在第二副駕駛說出了「襟翼」，而副駕駛回答「十五、十五、綠燈。」這段關鍵對話中。這是個正確的檢查項目，而且回答也是正確的。如果副駕駛檢查到襟翼和前緣縫翼都已經打開，這件意外就不會發生。但是從說出「襟翼」到副駕駛回答之間只有短短不到一秒的時間，因此國家運輸安全委員會認為在這麼短的時間之內，他們不可能完成相關檢查。那麼會不會是因為用來增加安全的駕駛艙習慣變得太自動化，最後反而變成危及飛安？

因為太熟悉，檢查行為變成自動化

有鑑於此，人際互動專家訪問了在美國七大航空公司工作的機師。他們發現因為永無止境的重複檢查表，機師很快地就習慣將清單快速唸完，而且一旦經驗豐富了，這個習慣變成自動化，他們往往不會去真的配合檢查。機師們報告說**有時候他們只看到自己想看到的東西，而不是實際的狀況。他們習慣看到儀表上正確的設定，因此就算是上面出現錯誤，他們習慣性對周遭環境的視覺感知，會讓他們對實際上發生的狀況視而不見。**

當機師們核對清單時，有時他們的核實對話會出現一種像唸經一樣地單調問答。與其真的根據清單一一檢查應該查看的儀器與開關，他們會用記憶中習慣回答的答案來回應清單上的問題。這似乎就是發生在達美航空一一四一班機上的狀況。因為機師們對檢查清單出現錯誤的結論，以為飛機已經正確設定、可以準備起飛，但是很不幸地，這架飛機起飛設定根本沒有被正確執行。

毫無疑問地，類似這種意外是極少見的例外，而且這種意外也愈來愈少發生。一般而言，例行清單檢查作業是讓飛行安全無虞的要素（除此之外，還有電腦自動防止故障危害的機制，可以彌補機師的錯誤）。事實上，許多進行這種檢查表作業的研究，都是由航空業者所執行，因為任何微小、例行的錯誤，都會導致災難性的後果。在現代的飛機中，檢查表已經從紙上作業變成電腦作業，而且降低了約百分之五十的相應「機師錯誤」。機師不只是要完成飛機上的清單檢查作業，他們也要進行自我檢查。所謂的IMSAFE檢查表就如下列：疾病（Illness）、藥物治療（Medication）、壓力（Stress）、酒（Alcohol）、疲勞／食物（Fatigue／Food）、心情（Emotion）。相較之下，如果我們工作時心情惡劣，對我們的同事來說並沒有太大關係，但是如果機師心情惡劣，就很可能對機上所有乘客造成致命的下場。

對航空業者來說，它們的挑戰就是訂出標準習慣，以及在標準習慣出錯時找出原因，因為這些習慣攸關每個人的安全。任何最微小的疏忽都可能造成重大災難。但對多數人來說，日常生活習慣中的疏忽，似乎就顯得不那麼嚴重，比方說，我們一直會穿上某雙相同的鞋、光顧相同的咖啡店、以及（起碼有些時候會）想著相同的事。

習慣上的疏忽與錯誤會如此重要的原因，就跟醫生研究疾病後對人體更加認識的原因一樣：如果我們想了解系統如何運作的話，這就是好機會。為什麼我們的習慣有時候有用，有時候卻無用？是什麼因素可以確保關鍵習慣的例行表現？習慣失效的方式可能會比成功的習慣運作，更能讓我們做出習慣的解析。

• • •

一九八九年三月六日中午十二點四十七分，火車駕駛約瑟夫．麥可夫迪（Joseph McCaffery）將火車從蘇格蘭格拉斯哥的貝爾格夫車站駛出。這是通往艾爾德里的一般通勤列車，而艾爾德里是距離格拉斯哥十二哩遠的城鎮。但是這位駕駛根本沒到達他的目的地。在開到一半的路上，他的火車迎頭撞上了從對面開來的列車，造成另一列車的駕駛與一位乘客死亡。火車駕駛麥可夫迪則是自現場的殘骸中獲救，並因此事故而失去了一條腿。

當英國鐵路調查團調查這件事故時，他們發現麥可夫迪先生把火車從車站開出時，當時的信號燈是紅色的，這表示此時把列車開出是不安全的。怎麼會發生這種事呢？沒錯，當這件事故發生時他才是個二十二歲的年輕小伙子；對啦，他成為有完整訓練資歷的火車駕駛才五個月。但是不管怎麼說，他剛從良好的訓練課程中結業，而這個訓練課程也是被調查人員所認可的，那麼到底是哪裡出了錯？

不假思索、自動反應的習慣，為什麼會鑄成大錯？

那天跟駕駛麥可夫迪同車的火車保全是羅伯．貝恩（Robert Bain），他從事這項工作已有九年的經驗。火車保全的工作就是要確定是否所有乘客都已經下車或上車，以及查看車站的信號燈是否指示列車可以安全出發。他事後承認，並沒有查看信號燈，其部分原因是因為從他在列車後端的位置上，很難看到信號燈，而且他知道位在列車前端的駕駛可以很清楚地看到指示訊號。因此，他很例行地按兩下鈴聲，給駕駛發出「準備出發」的信號，而駕駛也用兩下鈴聲回應，並且將列車開出車站。

他事後告訴調查團，當他進站的時候，他認為自己所看到的信號燈是綠色的，因此他覺得沒有必要檢查信號燈是否有變。信號員則是說車站的信號燈從頭到尾都不是綠色的，而且在這段期間內，信號燈一直都是紅色，照理說駕駛應該可以全程都看得到。對駕駛而言，這個情況對他非常不利，因為在他把列車駛出車站後的十三或十四秒，紅色信號還會持續亮著，因此他應該還是可以看得到紅色信號。但是他因為比較關心火車的速度，所以仍然沒有注意到信號燈。

在最後的報告中，他們把大部分的事故責任歸罪於火車駕駛麥可夫迪，火車保全則被判定有部分責任。但是不管如何，查看火車是否可以安全駛出就是駕駛的責任，而跟保全無關。**從心理學的角度來看，事情發生的原因就是因為駕駛已經養成了一個簡單的習慣。當他聽到「叮、叮」兩聲，他就認為沒有問題、可以把火車開出車站，而忽略了要親自查看信號燈的燈號。**

最後，這種意外就由一個非常簡單的環境改變方式而得以避免——在火車駕駛室安裝一種稱為「提醒司機裝置」的開關。這個開關的作用很簡單，只要開關是開的，火車的動力就會被切斷。在駕駛停靠列車時，他會把這個開關打開，作為多一道的安全措施。如果他們聽到「叮、叮」就馬上開動，火車根本就不動如山。駕駛因此必須先關掉這個提醒開關，而這個動作會讓他們先去檢查信號燈。更好的系統則是利用自動煞車、阻擋駕駛在紅色信號燈的狀態下發動列車。

• • •

火車駕駛麥可夫迪以及達美航空機師的疏忽所造成的後果固然是悲劇，但是這種疏忽也是令人不敢置信的例行公事。他們所處的環境並沒有特別不同，或是跟平常有什麼兩樣。兩件事故發生的原因都是簡單的錯誤，但是卻造成了悲劇性的後果。雖然兩件案例的狀況有所不同，但是習慣行為都辜負了人的期望。機師們以為他們進行的只是一般例行檢查——檢查襟翼以及前緣縫翼，但是事實上他們根本沒做檢查；而火車駕駛進行的是一個例行行為——把列車從車站開出，但是他的時機錯誤，因為信號燈還是紅色。

壓力，會驅使你選擇平時習慣

心理學家會說火車駕駛麥可夫迪的行為是「疏忽」：也就是說你所做的行為不是故意的。如同火車駕駛麥可夫迪得到的教訓一樣，不管習慣好壞，**在某些狀況下，習慣性的行為真的很難避免。特別是壓力，就算我們想做出不同的行為，壓力也會驅使我們在某種狀況下，產生跟平時一樣的習慣性反應。**

這種例子可以從以下研究中看得很清楚。在這個研究中，參加測試者要學會使用（理論上）一個虛構的地下鐵路線。首先，就跟我們平時出門的時候一樣，他們先練習、建立起從甲地到乙地的習慣。之後，告知其中半數的測試者地下鐵地圖有變，而他們必須另尋一條新的路線。測試者面臨的時間壓力不大時，只有百分之三十的受測者會轉回使用原例行路線。不過一旦壓力增強時，百分之七十的受測者會轉回使用原例行路線。

我們會習慣性地看到我們想看的

有些時候，習慣導致我們疏失，不過，通常不會有太嚴重的後果。唐納．諾曼（Donald Norman）是一位心理學家暨易用性工程師，他曾經檢視過幾千個在各種狀況下出現的人為疏失。其中包括了機師錯誤分析、政府正式發表的意外報告，以及日常出現的言語疏失。**在疏忽的一項大型分類中，習慣會因為環境中某種因素的暗示，而在錯誤的時機出現。**

威廉．詹姆斯（William James）是美國十九世紀的心理學家，並且對「習慣」這個主題有精彩的論述，其內容就是描寫一百多年前、這類出現在日常生活中的疏忽。他寫到有一個人到臥房更衣、準備吃晚飯（在那個時代，大家會穿著正式的服裝吃晚飯），但是因為有某事讓他分了神，結果他居然躺在床上準備睡覺。「正常（Normal）」說，這就叫「擷取性失誤」：因為某個習慣與某種狀況的強大關聯性，壓制了其他所有事物——我雖然人在臥房，但是我忘了自己為什麼會進來這裡，所以我乾脆上床睡覺好了。

這種失誤是那麼的普遍，不知你是否注意到我剛才也出現了失誤？在前面一段的最後一部分，我把「諾曼（Norman）」寫成了「正常（Normal）」。「正常（Normal）」這個詞很普遍，因此它自動把「諾曼（Norman）」壓抑下來。我在二度閱讀這段文章時，才發現了這個錯誤。如果你沒看到，那也算是很「諾曼（norman）」（我就在此打住），因為我們會習慣性地看到我們心裡想看到的，而不是實際的狀況，這就跟達美航空班機副駕駛的情況一樣。

約翰．斯洛伯達（John Sloboda）是一位音樂心理學專家，他就針對這種情形做了一些比較不危險的測試。他給音樂家一些故意標錯的樂譜，並要求他們根據這份錯誤的樂譜演奏。他發現這些音樂家會根據其經驗，用正確的音符自動更正這些錯誤。在同一份研究中，他也發現人們不會注意到錯誤的拼字，尤其是當錯誤出現在字的中間部分時更是如此。當我們處於自動駕駛的狀態中時，我們只會看到心裡想看的，或起碼是心理預期想看到的東西。

只要分心，就會出現習慣性行為

許多例行的習慣具有喜劇的特質，而唐納．諾曼列舉了一些我們有時候在日常生活中都會犯的失誤。有一個例子談到有個人想請另外一個人多做一點咖啡，但是卻忘了跟對方提起。之後，他們發現咖啡老是沒有出現，於是就開始抱怨沒有咖啡喝。此時他們才發現原來「多泡一點咖啡」的想法，只是一個沒有說出口的想法而已。這種疏失——一種只是由思想替代行動的失誤，很明顯是最難察覺的。我們犯下這類錯誤的可能性，可能遠比我們自己知道的要高出許多。很多時候，這種過失的後果微小到一點都不重要：比方說我們在回家路上忘了買牛奶，或是忘了給筆記型電腦充電。在諾曼的研究中，許多疏忽都是由旁觀者發現，而且有時候甚至連當事人和旁觀者都沒有知覺。再一次地，我們從犯錯心理學中看到習慣的毫不自知性使得習慣很難控制。

當習慣在不對的時機中被啟動，或是在半途中被打斷，就會出現不同型態的好笑疏失。詹姆士．雷森（James Reason）是一位心理學家以及人類犯錯行為專家，他把這種無心之過稱為「自動性的代價」。他提到說有人在泡茶時，絲毫不記得自己早就把壺中的開水注滿，而又再次把開水倒入茶壺裡；也有人根本就忘了嘴上的第一根香菸還未點燃，又把第二根香菸叼在嘴裡。

同樣地，唐納．諾曼也提出了一個學生手上拿了五塊錢的鈔票在沙拉吧排隊的故事。故事中，有幾個小麵包塊從盤子掉到了托盤上。由於他想吃那些麵包塊，雙手並用，想撿起這些麵包塊來吃，但最後那些麵包塊仍然還在托盤上，而那張五塊錢的鈔票，卻被放入了他的口中。

這類的過失最常在我們熟悉的環境中出現，比方說浴室、廚房、臥房、辦公室等地方。所以我們會走到浴室準備刷牙，但最後變成在梳頭，或是我們準備從冰箱拿牛奶，最後卻變成拿出一杯柳橙汁。不只是因為我們大部分的時間都在這些地點出現，而是這些地方處處充滿啟動我們習慣行為的暗示，只要我們稍微心不在焉，習慣性行為就會馬上出現。

•••

如非必要，人們還是傾向維持老習慣

「健康與安全」這個名詞現在會引起我們的憂慮，因為它暗含了所有負面的言外之意：它會讓我們想到毫無必要的防範、掃興的事物、反光背心，以及小包花生上面的警語：「可能包含堅果。」但是在陳腐新聞辭句所形成的煙霧背後，是一群想防止人們受到傷害的善心人士。直到一九七〇年代，這些人所仰賴的是看似合理的理論：他們認為人們會對教育有所反應。比方說，如果你要讓人們在騎機車時戴上安全帽，你就要教育他們。你要跟他們談到腦部受傷、複雜性骨折、濕滑的道路以及視覺上的盲點，之後你讓他們選擇戴上安全帽。或者是如果你要汽車駕駛繫上安全帶，你就讓他們看有人因為沒綁安全帶、結果從前方擋風玻璃摔飛出車外的影片。誰會對這種驚嚇式的策略無動於衷？但是最後的結果居然是很多人都沒反應。

舉英國的例子，從一九七二年開始，英國政府投注幾百萬的廣告費在電視、收音機與廣告招牌上強調繫安全帶的重要。據估計，百分之八十到九十的英國民眾看到這些廣告高達八、九次之多。但是就算花了這麼大的精力想要改變民眾的行為，只有百分之二十到四十的民眾繫上了安全帶。

研究習慣的人可以馬上告訴你教育的方法根本沒用，而且可以告訴你為什麼。我們

可以看見，心理學家可以改變人們的意圖，但是當面對強烈的習慣時，這種方式常常無法改變人們的習慣行為。一直到一九八三年，政府修改法律並由警察嚴格執行監督之後，人們的行為才真正轉換，民眾綁上安全帶的比率變成高達百分之九十以上。

人與環境的互動，讓我們發展出相對應的「習慣」

大約在一九七〇年代，有個「傷害預防」的寧靜革命發生了。**有些專家發現，人們對試圖教育他們的政策根本不以為意，事實上，他們還是按照自己的老習慣從事各項行為。有鑑於此，他們開始發展出傷害預防的模式，強調人們與其環境的互動。**「傷害預防」專家開始了解人們所處的困境，而不再將我們視為是完全自動與環境隔絕的獨立個體。我們不只是因為動機而到處走動、隨心所欲的人；我們是跟身體及社會環境結合、而且只有部分自動反應的個體。

有人主張我們個人心理與生理狀況只是這句暗喻──「傷害冰山」的一角。換句話說，這些狀況就是眾人可見、浮在水面上的冰山。而沉在水中、不那麼明顯的就是引發意外的所有因素：比方說我們的家、工作地點或公司、社會階層或是社會上別的層面。處在最深層的則是我們的社會地位與民族精神。「習慣」就是所有這些不同層級的互動結果。我們之所以會有習慣性行為，不純粹只是個人因素，這裡面還涵蓋了這座冰山中所有相互關聯和隱藏的要素。「傷害預防」專家開始注意到他們不能只是針對個人做出所有努力，而是要將環境也包括在內。

想改變強烈習慣，先改變人們下決策的情境

「傷害預防」領域在思維上的轉變，也體現在心理學研究方面。在六〇、七〇和八〇年代，有人開始挑戰心理學家對行為改變的理論，於是有種說法出現——要讓人停止吸菸、多做運動與做其他任何改變，都遠比原本預想的要困難許多。所以認為人們光靠意志力就可以改變習慣的想法就被質疑。心理學家所使用的模式，在一次性的狀況下預測人們的行為是比較有效的，比方說人們在研究室被告知水果對身體的好處，然後被要求在水果或蛋糕之間做出選擇這類的情形。但是這種模式在現實生活中沒有那麼有效。

回到「傷害預防」的世界，所有的議論都是談到改變情境內容。如果你能改變人們做出決策時所處的情境，那麼要改變他們的行為習慣就有希望，特別是如果這個行為是高度習慣性的，成功的機會就愈大。但是就像鼓勵民眾要綁上安全帶所做的努力一樣，**光靠告訴大家吸菸有害健康對改變人們行為的成效有限。但是當法律開始限制只有吸菸**

區可以吸菸的時候，人們抽菸的情況就出現改善。這是在法律背景上的改變，因此也影響到社會環境，而社會環境對改變人們長久以來的習慣是極度有效的。

利用檢查表來規範人類行為

另外一個環境解決方案是，利用檢查表，在危險情況下規範人類行為。雖然我們已經看到使用檢查表也會出錯，但是這個方法的確大大增進飛行安全。儘管如此，想透過機師同事間的相互影響、訓練及教育、甚至機師的心理狀態，來影響機師的行為，也需要很長的時間，因為這個改變必須深入到「傷害冰山」的最底部。很不幸地，從飛行所學到的教訓只有到此為止。產品製造商最清楚如果仰賴人們的習慣會有哪些危險。食物與汽車製造商都採用嚴格的監測程序。但是也許最喜歡使用檢查表方式的產業，就是那些監測醫療儀器製造及製藥的廠商。

另外一個適用檢查表模式的成熟領域就是醫療保健。外科醫師阿圖．葛文德（Atul Gawande）所寫的一本精彩書籍《檢查表：不犯錯的祕密武器》（*The Checklist Manifesto*），就積極地強調使用檢查表的重要。跟壞習慣或是執行效果不彰的習慣會致命一樣，好習慣或執行效果顯著的習慣可以拯救生命。美國醫療保健系統的一份研究指出，每年就有高達一百五十萬件因醫療行為錯誤而引起的傷害是可以避免的。我們不知道這些錯誤有多少是跟習慣有關，但是研究發現，檢查表的方式有所助益的原因是，因為人們的習慣會在有壓力或是單純、枯燥無味的狀況下崩潰。

亞倫·伍夫（Dr Alan Wolff）是一位澳洲的醫師，他發現使用檢查表可以讓醫護人員對關鍵醫療程序的合作狀況增加到百分之五十。其他研究則指出，檢查表可以在許多層面上增加病人的安全，其中包括麻醉和重病特別護理等等。這只是幾個例子而已，還有其他許多案例也可說明這種狀況。

以某些層面來說，「傷害預防」首重環境的觀念應該是顯而易見的，但是一旦考慮到自身時，其實我們常犯同樣的錯誤。我們自認是生理、心理以及行為的產物，但是卻忽略了在心靈深處，我們在生理及社會方面、是多麼地與周遭環境相融合。就如同我們的思想與行為的其他部分一樣，我們的習慣也是由生理狀況和社會環境而產生。這種狀況不只對飛機機師、火車駕駛或公共衛生研究人員來說很重要，它對我們這些與日常壞習慣對抗的大眾也很關鍵。從這些領域所得到的教訓，也就是我們必須要學習的：環境或情境對習慣的掌控，遠比我們想像的要強烈許多。

08 ONLINE ALL THE TIME 上網成癮：上網行為獎勵加強上網習慣

我們不知道她的姓名，但是她的問題說明了一種新的恐懼。根據一份學術期刊中的短篇報告，一名二十四歲的女性出現在希臘雅典的一位心理學家診所裡。她在八個月前加入了「臉書」，之後，她的生活急轉直下。她告訴醫師說她有四百個網路上的朋友，而她每天花上五個小時玩「臉書」。她最近剛失去當餐廳服務生的工作，因為她不斷地偷溜出去到附近的網咖上網。她睡眠不足而且感到很焦慮。在診所談到自己狀況的同時，好像為了要強調她的上網問題，居然拿出手機開始去查看自己的「臉書」頁。

難道一旦機器變成主宰，這就是我們所有人的下場嗎？或是因為上網的強迫性作用，我們的大腦就自動跳進一種機械式、無思考、奴役式的境界嗎？毫無疑問地，我們每個人都中了網路的病毒：我們知道網路世界多麼有用，而且懷疑以前的人在沒有網路、無法馬上存取大量、多變的資源之前是怎麼活的。在十年之內，我們從以前網路多半是電腦玩家和書呆子的專屬世界，轉變到今日網路變成主流的境界。但是在同時，我們也很擔心網路會對我們的心智產生何種作用。我們擔憂使用電腦相關產品如筆記型電腦、電話、或平板電腦的時間愈來愈多。我們擔心網路會讓我們變得懶惰、毀滅我們的注意力，以及吞噬我們應該在真實世界所花的時間。我們對網路是又愛又恨；我們想使用網路，但是也確定自己需要有不上網的時間。就是這種對上網習慣的矛盾心態，才讓大家對這個問題感到很有興趣。

• • •

頻繁地檢查電子郵件，吃掉了我們的工作時間

網路最初大受歡迎的功能就是電子郵件——那個讓我們愛恨交加、湧入大量垃圾郵件的奴隸驅動器。只要隨便上網查一下，你就會知道如何控制自己查看電子郵件的習慣，是相當受眾人關注的議題。我們查看電子郵件的習慣，的確出現了一些令人不安的數據。

你多久查看一次你的電子信箱？這個數字可能遠超過你的想像。有一個研究顯示，有人把他們自動檢查郵件的次數，設定在每五分鐘一次，而「美國線上」（AOL）的調查發現百分之五十九的回應者，是在廁所中檢查郵件的——這似乎是把同時處理多項任務的觀念，用得太過火了。這種檢查郵件的習慣，會吃掉我們四分之一或者更多的工作時數。也許人們回報電子郵件會中斷作息的部分原因是，每次有新郵件進來，收信者都需要花一分多鐘的時間，才能從干擾中回復到原來正在做的工作。

電子郵件如此容易變成習慣的原因，是因為它的到達方式非常類似行為心理學家所稱的「變動時距強化時制」。「變動時距」的意思是說，如果你每五分鐘檢查電子郵件一次，絕大部分時間會沒有郵件進來，而你也不知道下一封信會在什麼時候進來。電子郵件本身也是如此，有些郵件要比其他郵件有趣或令人興奮。你妹妹寫的電子郵件，會比辦公用品公司發給你的電郵要容易引起你的注意。最需要解釋的就是既然我們收到的大多是垃圾郵件，為什麼我們還會一直不斷的去查電子郵件呢？我們經常收到廣告，或是銀行發出的無聊信件，通知我們條款或細則做了哪些微小的更動。

讓我們設想一個荒謬的情況來解釋為什麼我們會去一直查看電子郵件。假設我們每小時的整點都會收到一封有趣的電子郵件。在這種狀況下，你只會在那個時間點去查郵件。但是只要有一次那封八卦郵件，或是廉價到無法拒絕購買的郵件沒有出現，那你很可能會不想再去看。加上如果在下一個小時還是沒有精彩的八卦、或是請你當一家大型跨國公司總執行長的信件，你更加可能不想查看信件。當我們所期待的時刻表消失了，比方說火車或公車沒有準時到來，一種挫敗的感受會油然而生。

不完全增強消弱效應

這個例子聽起來很離譜，因為我們知道電子郵件真正的功能是什麼。為什麼電子郵件會暗藏這種魔力呢？讓我們試用老鼠的眼光來看這件事。在老鼠面前有一根控制桿，如果把它壓下去的話，會有一個可以食用的小丸子出現。哇，成功了！因此牠再把控制桿用力按下去，但是壓了幾次之後卻沒有東西跑出來，接著突然之間有兩顆丸子陸續掉出來。可是牠再壓一陣子之後，小丸子又沒出現。於是這隻實驗鼠變得有點垂頭喪氣，但是牠學到的教訓是，你永遠不曉得你可能會得到一顆小丸子、還是要等很久才有小丸子出現。最後的結果就是牠學會了忍受沮喪的感受，然後拉長去壓桿的時間，接受較為緩慢的下壓控制桿習慣。

如果用行為心理學的專有名詞來說，這隻老鼠所經歷的情況就稱為「不完全增強消弱效應」。換句話說，當它壓下控制桿時，如果沒有小丸子出現，牠也不會覺得太在意，反正已經習慣了。相同的狀況也發生在電子郵件收信人身上。因為我們已經習慣查看電子郵件時，大部分的時候都不會得到什麼獎勵，但是會讓我們繼續去查郵件的原因就是五十次中出現一次的有趣郵件。了解到沒有獎勵，以及偶爾出現意料之外、無法預測的獎勵，就是讓查看電子郵件如此容易變成習慣的部分原因。

吃角子老虎機吸引賭客的原理

——

玩吃角子老虎機時，能同時得到三顆櫻桃的心態就是一個雷同的狀況。但是不同的是在相較之下，查看電子郵件所得到獎勵之間的次數是隨機的，而吃角子老虎機內從上一次到下一次中獎之間的次數，則是使用不固定比率的方法。也就是說，在兩次中獎之間的時間是根據某種標準而設定，但是每次的長短會有所不同。這樣一來，來玩吃角子老虎機的賭客知道這台機器會在合理的時間之內吐出硬幣，但是卻無法得知需要等多久——當然了，平均來說，賭博從你身上拿的錢要比它還給你的多。賭場從經驗得知這種「不固定比率」的方法非常有效，而且會讓賭客一而再、再而三地把硬幣放入投幣口。如果你覺得已經對查看電子郵件上癮，你應該感謝博弈業沒有加入，否則你永遠都無法將視線從螢幕移走。

不管怎麼說，查看電子郵件的習慣還是非常難改，其部分原因是，因為這個習慣很容易操作，而且就像我們的其他習慣一樣，這個動作幾乎不需經過大腦思考。對某些人來說，它就像是一個緊張時的抽動動作，或是在兩個活動之間用來殺時間的消遣行為。我們可能覺得這些習慣有點討厭，但是還好它們沒有什麼破壞力。

但是當我們查看電子郵件的習慣影響到工作，或是中斷我們其他更愉快的活動時，危險就出現了。當你去度假時，想去查看電子郵件的誘惑可能會變得很大。在拒絕誘惑幾次之後，你腦中會一直想可能有一些需要處理的事。接著，因為你一向就有定時查看電子郵件的習慣，在毫無考慮的情況下，很快地你就會開始打電話或開筆記型電腦。雖然你隱隱之中知道這個舉動對你不利，因為你在度假時想著工作可能會讓你的假期泡湯，但是這個習慣實在太強，它還是奪走了你的控制權。

你處理電子郵件的態度是什麼？

對多數人而言，最大的問題就是與工作相關的電子郵件洪流。針對這個問題，**研究人員訪問了許多不同產業的人士，詢問他們對付這些郵件的策略，結果有三種廣泛的類別出現。第一類就是定時檢查郵件**。在這項類別中，受訪者說他們會定時一天一次或兩次查看郵件，其他時間則不查。這些人下定決心不讓電子郵件主宰他們的生活。**第二種則是走火入魔型的收件者**。其中一位受訪者每三十秒就檢查一次收件匣，而且每次都會馬上回覆進來的郵件。其他人則承認他們查看電子郵件的次數太勤了，其中包括與工作、家庭相關的郵件，而且除此之外，還有很多人怕他們的電子信箱變得太大。**最後這個類別的人屬於「刪除者」**，這些人乾脆就把陌生人或他們不想來往的人寄來的電子郵件刪除——不過這也是一個對付電子郵件的方法。

改變查看電子郵件習慣的方法

——

對上班時必須處理大量郵件的人來說，其目標就應該成為定時檢查郵件的收信人，可是定時的時間一定要比每三十秒鐘來得長一些。雖然定時的時間要看你在某件工作上能專注多久，但是每四十五分鐘算是個合理的妥協時間——專心花了四十五分鐘做某件工作，也該休息一下了。**想要改變已經養成的習慣，必須將情況也列入考慮**。我們不是在籠裡不斷轉圈奔跑、或壓下控制桿的老鼠，我們是有大量不同選擇的人，所以除了檢查電子郵件之外，我們還有一些別的活動如讓眼睛休息一下，或是泡一杯熱飲，但是這些活動都不像有趣的電子郵件那麼次數頻繁或含有誘惑力。

如果我們想改變查看電子郵件的習慣，有研究建議這項活動應該用另一項更吸引人的活動取代：也就是說我們必須加強另一項活動。**與其去查看電子郵件，我們可以給自己一個三十秒的「螢幕暫停」時間。對那些整天坐在電腦螢幕前面的人來說，讓眼睛休息一下比查看電子郵件要來得算是善用時間。還有，這個時間也可以用來整理思緒、回想一下你正在做的事。**

如果這樣沒效的話，那就不妨試一下**行為心理學的標準策略：懲罰**。但是你大概不會想把滑鼠改裝，讓你在每次查郵件時就被電擊，所以我們只好使用理性與理解這類高度的身體機能來協助你。**首先，請先想一想同時處理多項任務的危險性**。雖然我們可能感到一次處理兩個工作不是什麼問題——比方說一邊講電話一邊查電子郵件，但是真實的狀況就是你的腦子快速地從兩個工作中來回轉換。

很不幸地，**從工作中來回轉換是有代價的：最明顯的，是我們很容易就忘記自己在做什麼**。雖然我們覺得自己一定可以記得要做的事項，但是人的意圖脆弱到令人無法置信。**只要短短十到十五秒的時間——差不多是看一封電子郵件的時間，就足以讓我們忘記原本在做什麼事**。當我們看完一封郵件之後，我們需要想一下才會記得剛才在做什麼，但嚴重的話，我們甚至根本就忘記自己在做的事。**從看完郵件到回復原本狀態的時間有多長？這個數字有長有短，其中一項研究指出要六十四秒。另一項研究則提出在轉做下**

一項工作之前，人們最少會在每個手邊的工作上花三分鐘。雖然不是所有轉換都是由查看電子郵件引起的，但是這個比率不低。還有，在每次轉換時，我們都會付出注意力和「心流」精神境界的代價：也就是說失去那種專心一志、忘我的境界，而在這種境界中，我們的工作通常做得最好。

• • •

另一個網路成癮案例：推特

時至今日，電子郵件已經變成古早歷史，現在最流行的就是社交媒體。其中「推特（Twitter）」特別引人注目。「推特」是一種社群網路與部落格的結合體。它屬於部落格的部分就是使用者可以閱讀、更新不超過一百四十個字元的推文（tweets），而大部分的推文是公開的。社群網路的部分就是人們可以彼此「跟隨（follow）」，然後可以加入彼此的推特對話。他們也可以「轉推（retweet）」，也就是轉貼別人的訊息給自己的跟隨者。

雖然我們常常以為像「推特」這類服務是種創新、「尖端」的技術，但是有趣的是，在概念上來說社群網路根本不算是什麼新意。當你送出「推文」，其實就跟送出電子郵件一樣，不一樣的只是在「推特」，你不能寫超過一百四十個字元，而且你可以把副本發給你所有的「跟隨者」，或者是非常有效地散播到網路上。在大肆宣傳的背後，我們還是坐在電腦前面或是使用行動電話來跟其他人連絡。

但是使用「推特」比電子郵件更有可能讓人沉迷。用電子郵件的話，你通常一次只能跟一個人對話，但是用「推特」，你可能一次會進行多方對話。電子郵件令人聯想到過去的寫信方式，但是在「推特」上，你等於加入了一個虛擬的派對。你跟隨對象的所有訊息會在螢幕上往上捲動，而你可以在一群人的公開談話中加入自己的訊息。

推特上的社交關係耐人尋味

但就「推特」的社交層面來說，它不應該被過於誇大。每個人在談話時並沒有對等的關係。就像在一個派對中一樣，有些人講話很大聲、很囉嗦，有的人則是一直談到他們自己。有一份研究分析了三百五十個「推特」使用者，結果發現只有百分之二十的人跟他人分享以及回覆資訊：這群人就被稱為「提供訊息者」。另一方面來說，百分之八十的人只會向其「跟隨者」散播關於他們自己的消息，這群人就被稱為「自我訊息傳播者」。「自我訊息傳播者」的社群網路比較小，其原因可能是因為他們上傳的訊息比較不會引起大眾興趣，或是提供其「跟隨者」雀躍三尺的快樂。

「推特」不成比例使用的程度，可以在一份二〇〇九年，透過三十萬零五百四十二人的研究證據中看到。這份報告發現只有百分之十的「推特」使用者，貢獻了百分之九十的「推文」。不出所料地，其中許多最受歡迎的「推特人」就是名人。其他百分之九十的人則是提供很少的「推文」，甚至完全不推。一個「推特」帳號在其活躍期間平均送出「推文」的確實數字居然是…「一」。換句話說，大部分的人可能只有在剛加入時送出第一個「推文」（有人根本不推），之後就再也沒有上傳任何訊息。

從這篇二〇〇九年的研究報告提出後，很可能大家在「推特」提出「推文」的比例已經增加，但是最可能的狀況是，使用推特的平均比率會增加，可是整體的使用模式還是維持不變。也就是說，絕大多數的推特用戶還是聚精會神地聆聽少數用戶有何話說。

推特使用者的使用心態：期待新鮮資訊

雖然人們期待「推特」可以滿足他們的社交慾望，但是實際上當他們開始使用「推特」時，他們反而覺得其中的訊息元素讓他們最滿意。大部分的「推特」使用者認為「推特」較能提供訊息，而比較不像社群網路。一份分析人們互相交流「推文」路徑及網絡的報告支持這個說法，而且發現只有不到四分之一的使用者會出現相互聯結的狀況。這個報告使得以派對做為比喻的方式失敗：在一個派對內，甚至連最安靜、最內向的人去參加派對時，都會在到達現場時跟主人打聲招呼、勉強跟幾個人閒聊。但是「推特」看起來一點都不像是個派對的情境，一般的「推特」使用者主要是在期待新鮮、有趣的資訊出現。

這就是「推特」與電子郵件雷同的地方——對很多人來說，收到一封有趣的電子郵件，遠比自己寫一封要來得過癮。就像電子郵件一樣，一個好玩的「推文」可能會在任何時間出現，但你無法確實知道它出現的時間。你可能會一次看到一大堆一個又一個令你感興趣的「推文」，但是你也可能在好幾個小時之內都看不到半個。再一次地，「變動時距強化者」又出現，也就是說使用者已經習慣一陣子得不到什麼有趣的訊息，但卻還是繼續查看有什麼新消息。

一旦養成新習慣，清晰的意識過程會逐漸淡化

大家加入「推特」的理由都不一樣，比方說他們有朋友用「推特」、聽到媒體報導、或是要「跟隨」某位名人的動態。但某種層面來說，這些理由都不重要，因為如果人們

從一開始就從中得到成就感及滿足感，一個新習慣就會很快形成。隨著習慣出現的就是自動性，以及不自覺想查看「推特」的衝動。

從「推特」使用模式就不難看到我們其他的各種習慣。在一開始的時候，我們會刻意下定決心、或為了特定原因去培養習慣。一旦習慣養成，我們的清晰意識過程就會逐漸淡化、退居幕後，結果讓使用「推特」慢慢變成獨立自主的慣性。我們變成為了查看電子郵件而去查郵件；為了使用「推特」而去查「推特」。因此我們必須仰賴我們大腦中清晰、理性的部分，來偶爾查探一下這些習慣，並自問我們是否還會從這些習慣得到益處，或是我們應該約束一下這些習性。

• • •

我們已經看過電子郵件與「推特」有關上網習慣如何運作的兩個案例——在電子郵件方面，是因為它最初是殺手級應用；在「推特」方面，則是因為它是新近出現的功能，而且大受歡迎。但是說真的，它們只是儲存與傳遞資訊方法不同的媒體，而且剛好碰上大家可以透過網路使用許多流行媒體的時代。雖然網路在某些方面來說是很特別又新穎的，但在其他方面來說，網路的功能跟印刷機、無線電波、電視訊號一樣，沒有什麼差別——都是在傳播資訊。所以只要有資訊被傳遞，就會有人建立起使用媒介的習慣。

為什麼你老愛看電視？

讓我們用電視做為老派媒體的例子。這裡有一個簡單的問題：你為什麼要看電視？許多人的答案都跟電視的用處及提供滿足感有關。因為不管從娛樂、教育、或資訊來說，你都可以得到某些東西。在相同的邏輯之下，當你在看這本書時，你可能也希望在看完書之後有所收穫。也許看電視跟習慣以及消遣時間比較相關，而不是你真的會從電視上學到什麼知識。不可否認地，消遣時間也算是一種使用方式，但是它不算是個很好的方法——它算是一種我們不知道為什麼做某件事的藉口。

過去幾十年來，研究學者一直認為人們非常清楚他們要花多少時間看電視，以及所看的電視內容，但是這個看法則是被一些證明「習慣會被意圖打敗」的學者所抨擊。我們會企圖反抗這個解釋，因為這種說法會讓我們失去控制自我的感受（心理學家居然告訴我「我」為什麼要看電視，真是豈有此理）。但是人們對自己內在認知過程的了解相對有限，因此他們很容易就編造出各種藉口來解釋他們的習慣性行為。但是這並不表示電視節目沒有提供娛樂、資訊與教育的功能，因為很明顯地，有些電視節目就是含有這些功能。重點是，電視也跟電子郵件或「推特」一樣，它們曾經一度提供我們一種滿足感，但是後來很容易就變成一種無自覺、自動性的過程，而且我們會用早就不合時宜的理由來解釋我們的持續行為。**關鍵在於我們要注意到這些習慣，把決定權交回到我們清晰的頭腦，並嘗試發現何時應該戒斷這個習慣。**

•••

我們已經失去控制了嗎？

最後，我們終於來到隱隱在你腦中一直浮現的一個名詞：「上癮」。如果你不斷地去查看電子郵件或是「推特」的「推文」，或是不能停止去看〈實習醫生成長記〉（*Scrubs*）的重播，那你是不是已經上癮了？像這種的壞習慣是不是會失去控制而變成一種癮？

「上癮」是一個情緒上的字眼，而且對於我們是否可以說「某人對網路上癮」的問題，存在著很大的分歧。有人說，人不可能會對網路上癮，因為網路是一種交流的媒介。比方說，有人每天會花好幾個小時在網上找最便宜的伏特加酒，但是你會很難去辯論說他們是對網路上癮，而不是嗜酒如命。雖然這個說法沒錯，但是卻偏離了重點。

不管能不能說人們會對網路上癮，有一些壞習慣必須先被解釋或討論。對頻繁查看電子郵件或登入查看「推特」的行為，我們很容易就變得不自覺。從寫一篇重要的報告轉到查看電子郵件或「推特」，並不會讓我們覺得好像寫報告被打斷，相反地，我們把它當作一個休息的藉口。但是這個行為事實上可能是機械式、習慣性的行為，不但沒有什麼意義，也不會給我們帶來快樂。

但是有些心理學家不談「上癮」，而是建議我們應該討論「缺乏自我調整」的問題：也就是說我們已經失去控制。**「自我調整」問題有兩個層面：第一是「缺乏自我觀察」，也就是說我們沒有注意到自己在網路的活動上，花費了多少時間與精力。第二是「缺乏自我反應」，也就是說我們似乎缺乏控制力。**這兩個問題的交互作用讓我們比較不可能做出改變。

不管它叫什麼，在大部分比較極端的例子上，人們使用網路的方式的確看起來很像上癮的習慣。對上網成癮的人會對網路貫注全副精神、使用網路時精神百倍，而且在不上線時渴望上網。為了得到相同的效果，這些人發現上網的需求變得愈來愈嚴重，於是他們開始失去對習慣的控制，並且在不上網時出現了「斷癮症狀」。接著這個習慣開始排擠其他活動、親密的人際關係、工作，以及所有跟正常生活有關的事物。執行這項習慣變成了脫離現實的方法，而且這些人還會企圖隱藏自己上網成癮的問題。

雖然這些問題的確存在，但是以總體人口數來說，這些問題可能有點被誇大了。我們是從研究中得知人們如何使用網路，而參與這些研究的實驗者，其實早就是網路的重度使用者，比方說那些回應網路徵召自願參加研究的人，就屬於這種重度使用網路的人。有些研究發現百分之八十的參與者非常依賴網路，而且他們平均每星期在網路上會花上三十八點五小時。但是這種研究就很像在「飲酒減價的快樂時段」、在酒吧內評斷人們平均喝多少酒的研究一樣不切實際。

當你從深度沉迷於網路的人之角度來做推斷，的確會讓人覺得是機器在控制人類。但是當你用社會各階層及各年齡層的人來做調查，你得到的答案就沒有那麼令人感到震驚。一份二〇一一年瑞典所做的研究調查了一千個人的上網習慣，結果發現他們每個星期在家上網的平均時數是十小時。在此研究中的絕大多數人都沒有過分使用網路，其中只有百分之五的人每星期使用超過三十個小時的網路。

如果情緒狀態與習慣產生聯結……

——

如果沒有外來因素的幫助，一般的媒介使用習慣不會變成壞習慣，而這些外來的因素通常會跟憂鬱或焦慮有關。對於那些處在憂鬱或焦慮狀態的人來說，上網在一開始時是轉移其憂心的快樂活動，但是很快地，它也會自成一個問題。可能會發生的情況就是在他們感到憂鬱、焦慮、或出現其他令人不快的情緒時，「上網」就會變成一種習慣性的反應。

一旦情緒狀態與習慣性反應產生聯結，想再把這個聯結打斷會變得萬分困難。這是一個非常惡劣的循環，**因為憂鬱會導致壞的媒介使用習慣，壞的媒介使用習慣會導致負面生活事件，負面生活事件又再一次導致更多的壞媒介使用習慣**。這就像本章一開始時談到的那位希臘婦女案例一樣：她的「臉書」使用習慣意味著失去工作、失去工作又更讓她在「臉書」上流連忘返。習慣愈強，生活變得愈糟，所以逃離現實、鑽入螢幕要比任何事情都還吸引人。

如果你只是擔心自己是否查看電子郵件或「推特」太勤，這些「上癮」的論點可能有點超過你的需要，而且對大多數的人來說，他們永遠不可能會如此極端的經歷這些症狀。但是對那些曾經感受到某些上網活動開始主控他們生活的人來說，他們可能會對上述某些症狀感到熟悉。當人們遠離電子郵件時，他們會談到「斷癮」、偷偷查看郵件、並且覺得有點丟臉，而在最極端的層面來說，這種習慣會將其他活動完全阻隔，並且讓人感到失控。

這些行為很容易在工作時持續出現，如「網路摸魚」——在上班時間上網購物、玩遊戲、或寫部落格——很快會轉變成「網路曠工」。有項公司員工的調查發現，公司員工每天會有一小時從事與工作無關的活動，而其中幾乎有一半的人都是在上網。這可能只是個保守的估計，假設有人調查網路登入的記錄，這個數字鐵定會有驚人的成長。我們有那麼多人整天在工作時坐在電腦前面，接著晚上也坐在電腦前面，更別忘了在空檔時可以使用可上網的手機，這一切都顯示了，我們有這麼多的機會可能會讓我們上網習慣失控。

• • •

愛掛網與上網獎勵有關

——

談到大受歡迎的上網活動是多麼容易養成習慣時，電子郵件與「推特」是兩個很好的例子，但是在其他網上或網外的媒介，相同的機制與過程也會有或多或少的影響。比方說線上遊戲可能會比「推特」、「臉書」、或其他社群網路容易上癮，但是這個經驗也是因為相同的原因才會吸引使用者。遊戲給我們的獎勵就是殺死壞蛋、解開謎團、或是過關所帶來的快樂，而「推特」、「臉書」、電視則是用一些資訊、人際關係，以及娛樂來犒賞我們。

我們會一直掛在網上的原因是因為某些上網行為的獎勵，是相當容易讓我們學習的。你根本不需要離開座位，所有的東西都會自動集合到你面前。因為這種聯結如此清楚、明顯，而且快速，就像老鼠得到可食的小丸子一樣，這種習慣可以很快就培養出來。難怪最後的結果就是電腦、電話，以及其他電子產品很容易就變成超級習慣養成器，這是在它們之前所有非互動媒介所望塵莫及的。它們會對我們的所作所為產生即時、吸引人的反應。當你看到他人在不斷輕敲手機或按下滑鼠鍵，你覺得他們看起來像什麼？像不像老鼠按下控制桿以得到可以吃的小丸子嗎？其實在許多方面來說，我們跟這些老鼠沒有兩樣。

最後，**網路無所不在的特性，讓我們使用網上服務的行為變得非常容易形成習慣**。我們的上網活動幾乎容易到遍及我們所有的生活層面。很可能我們從醒來的那一刻到睡覺前一秒，都不費吹灰之力就可以一直掛在網上。一部平板電腦和上網手機就擺在床邊；在工作時，我們幾乎永遠都在上網狀態；到了晚上看電視時，「谷歌」可以告訴我們男女演員的身高與年齡；在做飯時，我們可以查看「推特」；在睡覺前，我們可以收聽網路電台。

現代科技所創造的世界，讓人們不但可以、而且確實在生活上用某種上網活動來填滿每一刻的時間。我們的上網活動一個接著一個沒有間斷，因此我們沒有時間做別的事。研究年輕人與電腦互動行為的報告指出，年輕人很少一次只做一件事。比較正常來說，青少年會在同一時間從事看電視、打簡訊、網路衝浪，以及下載音樂等等活動。

上網習慣對我們可能有何壞處的辯論還在持續進行中。有些研究指出，在同一時間大量執行多重任務，可能會讓我們無法在同一時間把一項任務好好完成。但是這個理論還在萌芽階段，因此目前很難有確切的定論。我們只能說如同所有的科技發展一樣，網路本身在本質上並沒有好壞之分，重要的是我們如何學會使用它。

雖然上網對我們有許多益處，我們也必須了解上網也提供了許多潛在危機。我們對人類如何回應虛擬環境的了解還在初期階段，但是可以確定的是，未來一定會有新的客製化網路服務出現來吸引我們使用。在意圖與習慣的戰爭中，我們必須能夠決定誰會勝出，換句話說，我們要決定誰是主人、誰是奴隸。

PART III 改變習慣

HABIT CHANGE

MAKING HABITS 09

培養習慣：你所要知道的技巧

多年前，當傑瑞．宋飛（Jerry Seinfeld）還在喜劇圈的時候，有一個年青的喜劇演員請教他要如何讓自己的功力更精進。宋飛告訴他要當一個好的喜劇演員，最重要的就是寫出好笑的笑話，而要想寫出好笑的笑話，則需要不斷地練習。但宋飛解釋說，這種練習不是一般的練習，而是要建立起一種習慣，也要建立起寫作的習慣。宋飛提出了一個技巧讓這個習慣持續。他建議對方買一個可以掛在牆上的大年曆，而每一個日期的下方都印有一個方格。在你每天寫作完之後，你就在方格內打個叉。隨著每個星期的流逝，這些年曆上的叉叉會形成長鏈，而且會愈來愈長。接著，宋飛鼓勵對方，你唯一的工作就是不要讓這條長鏈中斷。

如同許多成功人士生活中的點點滴滴一

樣，在培養新習慣方面，這類的故事的確有其事實的根源，而這也就是這些典故如此令人感興趣的原因——因為我們感受到在這些日常生活的例行事項中，似乎隱藏了如何成就偉大事業的某種深奧祕密。如果我們再深入調查，我們會發現除了一些值得尊敬的例外之外，其他人的日常例行事項經常是異常簡單的——也就是踏著穩定、規律的腳步，一步一腳印地慢慢邁向成功之路（加上基因及環境的一點幫助）。

即使是成功者，日常生活經常是簡單的

讓我們用歷史上在自然科學發展最有影響力的人物查爾斯·達爾文（Charles Darwin）來做例子。根據他的兒子說，達爾文在中、晚年時期所做的例行事項是非常有規律的。他會在七點起床、獨自吃早點、然後在他的書房從八點工作到九點半，這段時間也是他工作最有效率的時候。接著他會休息一個小時閱讀信件，之後再回到書房工作一個半小時。他的其餘時間則是用在散步、吃中飯、看書、寫信，以及處理家庭事務。

或者我們也可以看到英國幽默小說作家P.G. 伍德豪斯（P. G. Wodehouse）的例子。伍德豪斯就是頗富盛名的《萬能管家》（*Jeeves and Wooster*）和《布蘭丁斯城堡》（*Blandings Castle*）系列小說的作者。伍德豪斯會在七點半起床、進行他「每日十二式」的柔軟體操、吃早點（茶、

吐司，以及咖啡蛋糕）、進行多年不變、在附近散步的習慣，然後大概在九點左右，他會安頓下來開始寫作，一直寫到差不多一點、吃中飯的時間為止。剩餘的白日時光則是走遠一點去散步、在下午四點跟其夫人喝下午茶、吃小黃瓜三明治，接下來可能他還會做一點工作，然後在六點喝一杯致命的馬丁尼酒，在夜晚則是看書或是跟其夫人玩牌。

雖然成功者的日常習慣很有意思，但通常這些習慣不一定很實際、或者可以適用在你想培養的習慣上。這兩個故事中，資料有限的時間表並沒有告訴我們達爾文是如何創造出天擇說，或是伍德豪斯如何讓《萬能管家》中的伯提．伍思德（Bertie Wooster）陷入許多有趣的窘境、然後設法讓他脫身的方法（話雖如此，如果這兩人沒有建立起工作習慣，他們就不可能有這些成就）。

宋飛豐富多產的笑話祕訣，也沒有解釋他為何會如此才華洋溢——但這也不是他原本的初衷。成功者可以提供我們啟示與動力，但是不一定是培養新習慣的藍圖。如同科學家有時候會說：「軼聞再多也不能代表資料或數據」。他們的成功故事只告訴我們其成就背後的生活點滴與根源，但是無法提供明確的指示。雖然從這些軼聞中，我們可以看到他們實際活動的過程、每日時刻表以及缺點，但是我們卻無從得知他們大腦思考的步驟。如此一來就出現了諸多疑問：我們應該要培養哪些習慣？動機要從何而來？如果你要培養新習慣，你應該要何時、或如何進行這項行為？你要怎麼處理失敗、不滿，以及每日的不便？

以下是一些培養習慣的成功案例，而且這些例子都是從科學研究而來。在這些研究中，有成百上千、甚至是成千上萬的人，都嘗試在生活裡做改變。心理學家們也評估出這些人的成功程度，並且歸納出最有用的方法。換句話說，從這些研究中，我們得到的是一系列的方法，而這些方法幾乎對培養任何習慣都非常實用。

• • •

在我們談到如何培養新習慣之前，先退一步思考動機問題。你到底為什麼要養成新習慣呢？有時候這種動機非常明顯，因此不需要再進一步的尋找自我就可以了解，但是情況卻不一定都是如此。人們經常一頭栽入培養新習慣的活動，但是卻沒有先自問這個新習慣對他們有何益處。我們必須要有一個終極目標、讓我們覺得值得投入精力完成，否則這個習慣幾乎不可能養成。從研究中就可以發現，當人們對達成目標的堅毅程度開始削弱、或者是目標本身在一開始時就很脆弱，此時要養成新習慣是非常困難的。因此為了長期的益處，在你投入培養習慣之前，請先利用幾分鐘的時間思考這個問題。

幻想成功與預期成功是兩件事

一開始，我們要先對一個差勁的建議喊「卡」。許多受歡迎的勵志自助書籍都告訴讀者「想像成功達成目標」是有助益的。這個理論就是說，如果我們想像未來的成功，我們就會被激勵去達成目標。這種說法有點道理的原因就是，我們會對未來採取正面態度，而這種態度的確會有助益，但是這裡面也暗藏了一些陷阱。其中主要的陷阱之一就是「幻想自己可以達成目標」，而這種想法可能是非常危險的。有一個研究就把幻想和正面預期做出比較，以強調幻想的缺失。

在此研究中，「預期成功」、而非「幻想成功」的測試者，比較有可能會付諸行動。抱持「正面幻想」的缺點為我們在此時此刻就期待成功，但是這些幻想不會警示我們達成目標可能需要面對的困難，因此我們的動機可能會削弱——畢竟「正面幻想」會讓我們覺得好像已經達到了目標。

「預期成功」則是強調務實，我們必須謹慎思考哪些目標有可能能夠成功達成。其中一個比較可以幫助我們，得知哪些習慣可能可以改變的方法就是「形象化」。跟「幻想」相反的，**比較有效「把未來形象化」的方式就是，要思考達成目標所需要經歷的過程，而不是只想到最後成功的結果。**有一個證明這個理論的研究是，請參加實驗的學生選擇想像「考試考得非常好」的終極目標，或是選擇想像他們「要達成目標所需要採取的步驟」。在這個實驗中，成功的答案就是「用功」。

這個結果是非常清楚的。選擇想像用功看書、學會考試要考的技術與知識的學生，會多花一點時間在準備功夫上，而且最後的考試成績比較好。「只想像最後成功」沒有用的原因之一就是計畫的謬誤，而我們會有這種「達到目標比想像中容易」的假設是很正常的。甚至在有多年的經驗之後，這種假設還是會一再出現。要預測計畫會（而且一定會）出現多少差錯是很困難的。

用塑造的方式一步步建立習慣

有一句忠告要送給想要養成某種新習慣的朋友們——在改變習慣方面，人們經常是打著如意的算盤。我們對自己不滿意的反應之一就是，進行「完全重新自我改造」，這一點一定要儘量避免。幾乎所有培養新習慣的研究，都是針對十分簡單的行為進行實驗，但是還是有人會經常失敗。比較好的方式就是從小處開始，如果這個過程成功了，你再把這個方式用在你想培養的其他習慣上。或者你可以把一個比較大型的習慣，分散成許多小型任務，然後把每個小型任務一個一個地達成。

知名的行為學家B.F.斯金納（B. F. Skinner）就用了這個稱為「塑造」的方式，一步一步地建立習慣，來訓練鴿子打乒乓球。如果你還不覺得這個成就讓你印象深刻的話，他還訓練了老鼠對「美國國歌」的反應。當演奏國歌時，老鼠會把一面小的美國國旗升上來，並舉起前腳向國旗致敬。這些研究都在在說明如何把一個簡單的習慣，堆積在另一個簡單習慣上面。

但是培養習慣不只是要注重過程。在改造自己的想法上面，人們會出現一些天馬行空、非常接近幻想的主意。反之，為了讓新習慣能持續下去，我們則需要決心以貫徹目標，因為想要一再進行我們所需要做的重複行為，就必須要有決心才做得成。心理學研究探索了一些方法來協助我們剔除幻想，來增加我們成功改造自己的機率。很自然地，我們可能會使用兩個技巧來實現自己改變習慣的計畫。第一、就是正面想像問題已經解決，第二、就是思考為何我們對現況不滿意。在不同層面上，這兩個方法都可以提供我們所需的動機，但是這些方法真的有效嗎？

哪一種方法最有效？

在紐約大學加百莉菈·愛廷艮（Gabriele Oettingen）所領導的一系列實驗中，這些方式被用來互相比較，但在同時，她也加入了一個新方法。在實驗中，參加試驗者被分成三組，而且每個人必須選擇下列的其中一個策略，來解決一個問題：

1. **縱容法**：正面想像這個問題已經被解決。
2. **思索法**：思考現況的負面觀點。
3. **對照法**：這是加入的新方法。首先，參加測試者要先正面想像問題已經解決，然後思考實際上執行時會遇到的困難。把這兩點納入考慮之後，參加測試者被要求進行「與現實做出對照」，換句話說，就是將幻想與現實做一比較。

實驗結果顯示「對照法」在鼓勵人們做出計畫、負起責任方面是最有效的，但條件是他們對成功的期待很高時才有這樣的結果。如果對成功解決問題的期待很低，那些做出思考對照的人，會比較沒有計畫、比較不願負責。「對照法」的功用似乎是在強迫人們決定他們的目標是否真的可以達成，之後，如果他們覺得成功有望，他們就會竭盡全力達成目標，但是如果覺得成功無望的話，他們就會乾脆放棄。這正是我們培養習慣所需要的態度。換句話說，我們必須儘早知道自己能夠做得到或做不到。

在理論上來說，這種說法聽起來是很有道理的。但是在實際上，「思考性的對照法」實行起來相當困難。首先，要人考慮要達成目標必須面對的負面障礙，是極令人不悅的一件事。同樣地，把幻想跟現實擺在一起考慮也是讓人很不舒服的事，因為很明顯地，我們一定會知道應該要做哪些事才可能達到目標，而這種理性思考結果會讓人覺得心灰意冷。這個技巧的另外一個困難點是，人們不喜歡把快樂的想法轉換到令人沮喪的想法。如果我們存在著負面思考，要把負面轉成正面是非常困難的。

比方說你幻想著培養彈鋼琴的習慣，但是一想到所需要面對的障礙，你可能會覺得很灰心。當你把自己投射向未來、想到如果能完美地彈出巴哈協奏曲，會是多麼美好的經驗，但是你要怎麼找到所需要的幾百、幾千個小時的練習時間？你要如何在生活中創造出沒有家庭與工作負擔的一個時空？更重要的是，你買了鋼琴沒有？但是如果你已經考慮過現實，知道自己可以找到時間以及有全力練習的決心，研究結果顯示你會儘快行動、覺得幹勁十足，並且會在情感上投入更多的心力來建立這個習慣。

什麼是 WOOP？

如果你覺得這種「思考性的對照法」很困難，那就試試「WOOP」的練習方式。「WOOP」代表了「希望 Wish」、「結果 Outcome」、「障礙 Obstacle」、「計畫 Plan」。

首先，你要先把「希望」寫下來，也就是你想培養的習慣。接著寫下這個習慣造成的最好「結果」。再來，寫下你所可能面對的「障礙」。最後，你要擬定一個清楚的「計畫」，這個計畫就稱為「執行意圖」。以下我們就會討論執行意圖的細節。

既然我們已經有了一個確切的目標，現在就讓我們開始來培養新習慣。

• • •

了解你的明確動機之後，培養習慣的第一步就是擬出計畫，但是這種計畫不是我們一般可能會自動使用的那一種。一般的計畫通常會比較模糊，比方說我們會告訴自己：今年我真的要變得健康一點，或是我要對我的另一半好一點。這種計畫所缺乏的就是確切的行為，以及在哪一種情況下，我們必須執行這種行為。因此，**與其對自己說「我想變得對人好一點或健康一點」，我們應該說「『如果』我看到有人需要幫忙抬一下嬰兒車，我一定『就會』幫忙。」或是「『如果』在開車前覺得我要去的地方很近，我『就會』用走路去。」這樣一來，你就把一個特殊情況跟反應或行動聯結起來。**請回想我們要的就是要把一個特定情況跟一個行動產生強烈的聯結，一旦這個聯結變成自動化，新習慣就出現了。**這種「執行意圖」——「『如果』……『就會』……」的方式就像是習慣的**

胚胎，也就是我們未來習慣的基本藍圖。

我們知道「執行意圖」會比一般人在自動反應下所做的計畫要來得有效，因為這一點已經在許多實驗中都得到證實。比方說在一項研究中，參加試驗者想增加蔬菜和水果的攝取量。在對照組中的人可以隨便擬定他們的計畫，但是在實驗組的人則是要擬出特定的「執行意圖」。一個星期之後，對照組在增加蔬菜及水果攝取量方面，一點都沒有進步，但是反觀那些使用「執行意圖」計畫的人則是平均每日多吃了半份的蔬菜及水果。這項實驗的差別，無法用「實驗組有比較大的動機」的理由來解釋，因此實驗結果證明了「執行意圖」是有效的方法。這只是諸多案例中的一個例子，因為「執行意圖」已經一次又一次地在其他研究中證實有用。這些實驗測試了人們的許多習慣，其中包括運動、填字遊戲、吃得健康、收集折價券、資源回收等等。當把百分之九十四、超過八千人的實驗整理在一起討論時，「執行意圖」的有效程度出現在中到高的範圍。這種說法就是心理學家表示「它是有效的」的職業術語。

——如何正確使用「執行意圖」？

但是想要讓「執行意圖」方式有用的話，它就必須正確地使用。我們必須先把「『如果』……『就會』……」的執行意圖分解成兩個元件。「如果」講的就是某個狀況，或是會啟動你行動的情境。這裡的問題是你要把「如果」的狀況設定到何種程度？當「如果」太確實，它可能會限制你的行動時機。假設你告訴自己：「『如果』我到了辦公室的電梯口，我『就會』走樓梯。」這種假設就會把你自己限制在辦公室的樓梯。還有，太明確的計畫也可能會變得沒有彈性，因為日常生活中難以預測的變化無法被納入考量。所有的狀況不可能維持不變，因此擬定這些計畫時，也要把這個因素列入考慮。另一方面來說，「如果」若是太模糊，你很容易會喪失練習習慣的機會。最理想的「如果」就是在抽象與明確情況中取得平衡：換句話說，就是有彈性到可以包括充分的練習機會，但是也要明確到可以啟動重要的第二個元件——行動。

在剛才電梯的例子中，加上一點小變化就可能會扭轉乾坤：「『如果』我到了『任何一個』電梯口，我『就會』走樓梯。」我說「可能會」是因為「執行意圖」跟其他我所提出的技巧一樣，都需要經過一點反覆試驗。我們知道在一般狀況下，這些方法會是有用的，但是它們還沒被不同的人運用在每一個可以設想的情況中。比方說你習慣跟其他人一起搭電梯，但是你真的會中斷你跟他人的談話、獨自一人去爬樓梯嗎？如果不行的話，你可能就無法維持這個行為，並且把它變成習慣。**「執行意圖」必須能配合你的態度以及所處的環境，而且幾乎都需要經過一些微調才能發生作用。**

關於「如果」元件還有最後一點必須說明：時間。你可能會很想挑個時間，比方說「我要在晚上八點半去跑步。」拜託千萬不要這麼做。用時間啟動新習慣的問題就是，你必須去注意時間，但是我們不可能時時刻刻都在注意時間。利用一個事件來啟動新習慣就比用時間好太多了。**利用事件可能比較有效的原因是，我們不需要依靠記憶，因為你可能也注意到了，記憶是出名的不可靠。**你需要的是一件不可能錯過的事件。研究學者發現啟動新習慣最好的暗示就是每天定時會發生的事情。在一個研究中，想要吃得比較健康的測試者發現用「到達辦公室」或「午餐」做為暗示就非常方便。實際上，他們還在已經成功運作的習慣上，又添加了一個新習慣。這種聯結就比用時間做暗示來得有效多了。

雖然選擇某個特定時間來進行新習慣是不被推薦的，但是思考如何把新習慣併入每日的例行事項中是非常重要的。**還沒有跟環境或狀況聯結起來的新習慣（比方說剛才電梯／樓梯的例子）需要找到一個情境做暗示。**首先，你要考慮每天你有多大部分的時間是由一長串的習慣所形成的，接著，你所要做的就是把一個新的環節加到其中有空隙的地方。你要找的就是你剛完成一個平常會做的習慣，並在尋找下一個活動之間所出現的空檔。這就像你清理完廚房就去丟垃圾、或是刷完牙後用牙線一樣。你先查看你的日常習慣、找出長鏈中最後一個環節的活動，然後考慮把新習慣加在上面。

執行意圖的第二步

「如果」的部分就談到這裡，現在我們來說「就會」。「執行意圖」中，「就會」元件的主要規則，就是它必須非常明確。如果你決定對你的另一半好一點，在你決定了什麼狀況會讓你行動後，接著，得決定出一個明確的行為。比方說，這個狀況可以是「你在廚房決定晚餐要做什麼」，那麼你接下來的行動就是「我要做他最愛吃的菜」。

一般來說，「執行意圖」的「就會」元件愈簡單，這個行為就愈容易執行。但是，你也可以具體列出比較複雜的行動，但前提是，這些行動本身就是自動化的行為。比方說，開車上班是件較複雜的工作事，但是對一個有經驗的駕駛人來說，這項行動是非常自動的，因此可視為是一項簡單任務。「就會」元件不一定只限制於一個行為。如果你計畫要多運動，但是同時也希望給自己多項不同運動的選擇，那麼這個方式會是很有助益的。所以你可以具體說：「『如果』吃完早點之後有時間，我『就會』去跑步或騎腳踏車。」有一項研究顯示，利用多重選項「執行意圖」的人，在其任務表現方面是有進步的。

雖然只要有機會，「執行」就是有效的，但是這不表示「執行」就簡單，相反地，「執行」是很困難的。對於那些天生對擬定計畫就是謹慎小心的人，「執行意圖」方式反而沒有太大助益。但是對其他人來說，我們的思維以及在自然情況之下所處的環境，很容易引誘我們走岔了路。**你的大腦會出現羈絆你的想法，其中之一就是，告訴你「你要做的所有努力都不值得」**。當執行習慣本來就很困難、再加上你的決心不夠時，很可能就會直接放棄。

大腦妨害我們的第二個方法就是，透過日常生活中難以預測的情緒變化及懼怕來影響我們。你可能會決定在晚上開始練鋼琴，但在工作繁忙了一天之後，你根本不想去彈鋼琴。或者是你可能已經加入了舞蹈班，但是怕自己在班上出醜，最後決定不去上課。我們怎麼可能避開這類的思想型態？再一次地，我們還是可以用「『如果』……『就會』……」的計畫，來讓我們抵擋這些來自內部的攻擊。我們要跟自己說：「『如果』我對上舞蹈班感到害怕，我『就會』記得班上每個同學都是新手，而且很怕自己會出醜。」或者是「『如果』我覺得下班以後累得無法練鋼琴，我『就會』先聽一些啟發我動力的音樂。」

善用「如果」……「就會」……方法來保護新習慣

「『如果』……『就會』……」這類的計畫，可以保護你脆弱的新習慣不受負面想

法摧殘。雖然這種計畫需要一些努力才能成功，但是你所付出的代價是非常值得的。在一個許多人覺得不知所措、心煩意亂、自我限制的狀況之下——如進行運動比賽，這種計畫是被證明有效的。實驗中，有超過一百名桌球選手被分成三組，每一組球員都會接到不同的指示去打一場比賽。第一組的球員沒有給予指示，第二組球員的指示只是專心盡力打球，第三組球員則是收到一組「執行意圖」方式。第三組球員要認定出現問題的特定心理狀態，比方說「『如果』我打得過於保守……」之後他們就會選擇一個合適的回應，如「我『就會』冒險、打出比較具有攻擊性的球。」每個球員可以選擇適合他們的「執行意圖」，比方說，生氣的球員嘗試著冷靜下來、失去積極取勝心態的球員試著激勵自己等等。實驗結果指出，與另外兩組球員比較之下，運用「執行意圖」方式的球員，比賽時表現會大為改善。

不只是大腦會讓我們的新習慣出婁子，連狀況本身也會出問題。這些因素很容易會形成一系列的蠱惑，誘惑我們放棄新習慣。比方說我們正在節食，但是蛋糕、洋芋片、啤酒等食物，會忽然從四面八方湧現。或者是我們決定走路去上班，結果出現了天天下雨的狀況。這個時候，「對付計畫」就派上用場了。我們知道在達成目標的路上會有許多誘惑，但是只要稍微思考一下，就可以預期哪些情況會發生。**就跟使用「執行意圖」來建立新習慣一樣，我們也需要對誘惑狀況擬定出執行的計畫**。這種情形跟上述桌球選手所用的原則一樣，只是「對付計畫」的目標不是思考模式，而是「狀況」。在一項研究戒菸的實驗中，參與實驗者被問及在哪種狀況下他們最容易再吸菸。這些狀況包括吃完飯之後、跟朋友喝酒時，以及感到有壓力的時候。之後，研究學者訂出了簡單的計畫，讓這些人去對付每一個讓他們再次吸菸的狀況。實驗結果顯示，這些計畫對想戒菸的人有所幫助。

・・・

建立新習慣需要不斷地重複

擬出計畫看起來是個很簡單的工作，其實它需要一點創造力。雖然人們的確會自然而然地訂出計畫，但是這些計畫通常不夠明確。因為很多事情都可能會出差錯，我們才會需要這些「如果」、「就會」的公式。但是如果計畫做對了，應該可以讓你的新習慣順利開始。下一步就是要讓新習慣能持續下去。

建立新習慣意味著在一個穩定的背景或情境下、不斷重複一個思想或行為。每一次的重複，表示我們向「增加習慣自動性」的目標前進一步。到底需要重複幾次的問題，則是要看你的生活方式與你所要建立的習慣而有差別。甚至連最簡單的變化也會影響到需要重複的次數。記得在第一章我們討論過的一個研究，談到「習慣重複」與「自動性」之間呈現出一個弧形關係嗎？這裡給大家再看一次這個圖表：

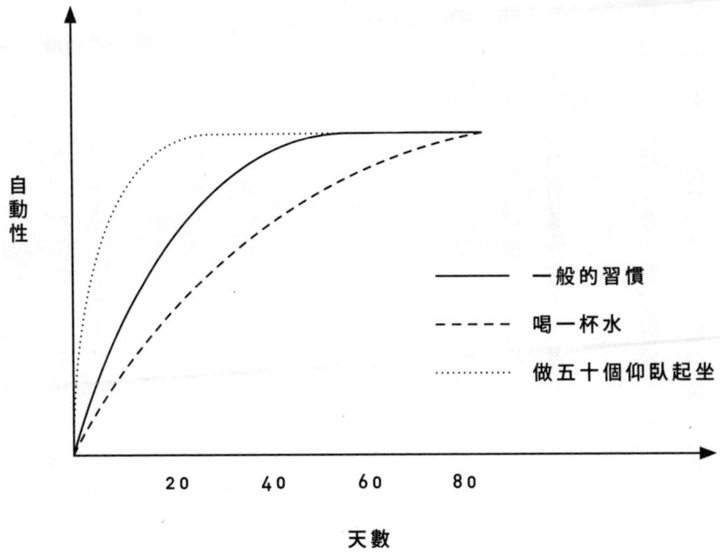

在那個研究中，有一個人決定在午餐時吃一片水果，結果他花了六十幾天才建立起這個習慣，但是另一個決定在晚上吃一片水果的人，只花了約三十天就把它變成習慣。這個差別可能取決於個人性格，以及（或）那個人吃一片水果最方便的時間。但是一般來說，習慣約需要六十六天才能形成。這個圖表顯示每一次你重複自己的新行為，你就向建立新習慣的高坡上升了一小步。其實，因為這條線最陡的地方就在起步的時候，所以你最大的進步，會出現在早期的重複行為中。我希望「執行計畫」會讓你往這條坡道開始前進。

執行後的不滿意感，容易扼殺新習慣

心理學家探討過影響我們是否能持續新習慣的因素，而你可能已經想到「滿意度」會高居前幾名。不管是有意或無意，我們自問：新習慣是否就像我們當初所想像的一樣美好。**「滿意感」就像是從潛意識傳來的訊息、告訴我們前進的方向正確，但是「不滿意感」就暗示我們情況有點不對。**

「不滿意」是新習慣的殺手。人們如果覺得沒有進步，他們就會放棄。要對付這種情況有許多方法，而對你最好的方法，則取決於你要怎麼樣才會覺得最自在。有些人喜歡尋求他人支持，一個最明顯的例子就是加入健身房、參加有組織及時刻表的課程，這種方式對這種人就會有用。從另一個角度來說，如果你不喜歡健身房，那麼加入健身房對你來說，只會浪費大量的金錢。爭取後援比較便宜的方式，就是找一個朋友或另一半一起加入改變習慣的計畫。這也可以給你機會討論對這項活動不滿意的地方，以及找到解決這些問題的方法。

執行計畫可保護新習慣養成

「執行計畫」也可以作為處理內在心理問題的技巧。**當你開始建立新習慣時，你要問自己萬一有不滿意的狀況出現，你該如何回應。**如果你對初期結果很不滿意，你會決定放棄、還是加倍努力？**研究指出「執行意圖」對持續進行新習慣是很重要的，其重要程度不亞於當初讓新習慣能夠開始一樣。**最理想的狀況就是，這些「執行意圖」能夠直接針對你不滿意的原因。雖然這些原因不一定很容易判斷，但是常見的可疑因子通常就是答案：例如「沒有進步」、「缺乏動力」等等。再一次地，「執行意圖」應該要能針對你的感受，並且幫助你回到建立新習慣的正軌。比方說，**可預見的「沒有進步」因素，可以用樂觀的想法如「你已經做到這麼多」而不是「還有那麼多要做」來解決。**

同樣地，精神上的倦怠與疲軟的動機可用音樂來協助——例如，運動時播放節奏感強烈的音樂、或是用令人放鬆的音樂來幫助你整理最近一批的照片。這只是一兩個建議，你必須自己找到適合自己的有用方法，來協助你想培養的新習慣。

需要隨時監測嗎？

建立新習慣時，很多人自然而然地會去監測自己的進度。對心理學家而言，「監測進度」不只要在圖表上標明進度（雖然很多人覺得這個方法非常有用），還要每天做自我監測，其目的就是要你感受到新習慣的進步狀況。如果在不同的時間進行這項行為，會不會比較好？還是應該要用別的方法比較理想？你覺得有哪些誘惑會讓你完全跳過，不去進行你的新行為？如果注意到問題或進步的方式，會比較容易誘導你從事那項行為，而且加速它的自動化。

但是除了「注意到問題」之外，你必須因「注意到問題而產生的訊息」展開行動。在一項研究減重的研究中，參加者很小心地監測自己所吃的食物，並且把誘惑及使其分心的事項寫下來。話雖如此，他們沒有注意到這個方式可以幫助他們，因此減重的成效有限。再一次地，「執行意圖」的方式，可以幫助解決出現問題的狀況。

建立習慣的過程應該要是互動的：你應該知道哪些事情對你比較容易或是比較難，以及什麼是可能或不可能。如果過於在意建立新習慣的表現，你很可能會失去意志力，特別是如果你失去一兩次練習建立習慣的機會，千萬不要對自己太苛責。跳過幾次這種本來就是非固定的重複行為，不會有什麼太嚴重的後果。

用犒賞建立新習慣是好事嗎？

培養新習慣的最後一個方法非常著名，但是卻帶有一點「危險」的因素，這個方式就是「犒賞」。犒賞的問題在於，我們培養習慣，應該要靠內發性的動力，而不是外在的獎勵。心理學家稱它為「內部動機」，而且通常來說，它會比外發性或「外在」動機要來得強大。

我們要避免習慣變成要有某種獎賞的「有條件習慣」。可能這種獎勵方式在一開始時會有效果，但是時間一長，獎勵就會失去它激勵的力量。比方說你要培養一個在吃完飯就清理廚房、而不要等到晚一點再清理的習慣。你決定要犒賞自己一小時、去閱讀你現在正在閱讀的新小說。問題來了：萬一你開始覺得這本書很無聊，而你不想再繼續看下去？就算你用別的喜愛活動來替代看小說，你等於是把某項行為與獎勵結合。換句話說，你在不知不覺的狀況下，暗示自己你不會獨立的進行這個新習慣，而這個結果正是我們要嘗試避免的。

培養一個好習慣最成功的狀況就是，我們要無條件、一心一意地建立習慣，把這個行為變成自動化，以及對成果感到滿意——就算是簡單如清理廚房這種習慣，也是如此。

理論上來說，培養習慣應該是很簡單的，因為我們常常都在自動進行這種行為。請回想前面所談到所有日常生活中常見的習慣：如「行」、「食」、「社交」、「工作」、「購物」等等的習慣。這些習慣之所以變成習慣，是因為我們發現自己處在相同環境時，會嘗試做出滿足我們各種不同需求與慾望的行為，而在回到相同環境時，我們又會再一次地做出相同選擇，而且這些行為會一再被重複，一直到它們變成習慣為止。遲早我們會在不知不覺地狀況下從事這些行為，而且不管這些行為有沒有用，等到時間一久，它們就變成我們生活中的一部分。

我們想建立習慣所要達成的目標就跟這個道理差不多，但不同之處就是要清楚地做計畫。一開始時，我們的目標就是先把行為跟狀況做聯結，接著努力把它們變成不知不覺、自動化的活動。每一次的重複動作都會把我們往圖表上的曲線推上一小步。

習慣最棒的部分就是在其培養過程中，它會變得愈來愈不吃力。甚至在你覺得疲勞、沮喪、或心煩意亂時，你還是很可能進行已有的強烈習慣，因為它已經深深在你的生活中札了根。為了達到自己的目的所建構的習慣，當它們產生作用的時候，會看起來跟變魔術一樣神奇。就像其他日常的行為一樣，好習慣的成果可能要慢慢才能養成，但是一旦成功，它的回報則會遠遠超過所有培養過程中所需要的努力。

10 BREAKING HABITS
戒除習慣：再難以改正的習慣都改得了

就跟每年一樣，在一九八五年快要結束時，世界上的人都承諾要在一九八六年做出哪些改變。但是有一些住在賓州東北部的居民，則是受到當地電視台的新聞節目所鼓舞，讓他們拿起電話打給心理學研究學者，向對方坦白說明他們的新年新期許。一共有兩百一十三位從事各種行業的人，加入了斯克蘭頓大學（University of Scranton）所舉辦的研究。絕大多數的人想要消除過去幾年罪惡的新年新期望，就是大家很熟悉的壞習慣。三分之二的期許跟減重（百分之三十八）以及戒菸（百分之三十）有關。但是第二大類的希望則包含了各種很有個人特色的誓言：如人們想要學習如何說「不」、要多給自己一點私人時間，以及對他們的決定多負一點責任。接著研究人員在幾個星期、或幾個月後連絡參加實驗者，詢問他們是否做到對自己所許下的願望。以下的數據就是過了一段時間之後的成功率。

間隔時間	**成功率**
一星期	77％
二星期	66％
三星期	60％
一個月	55％
三個月	43％
六個月	40％

這些數據實在有點令人沮喪。幾乎有四分之一的人在一個星期之後就失敗了。一個月之後約有一半的人失敗，而且只有百分之四十的人，在六個月後回報還維持新年所許下的期許。更糟糕的是，這些數字可能還是太樂觀，因為這個研究是自我報告式的，因此可能有些人對維持新期許的事件上說謊。對我們來說，這是一個很重要的提醒，它告訴我們想要改變習慣是非常困難的，尤其是那些已經行之有年的習慣，更是難以改變。

我們所要了解的是，為什麼百分之六十的人會失敗，以及剩下的百分之四十的人為什麼會成功。

• • •

戒除習慣方法1 正念、覺知

習慣有一個很奇怪的特性。因為我們是在不知不覺的狀況下行使習慣，因此我們不一定清楚到底自己有哪些習慣。可能我們對於壞習慣的結果非常清楚，比方說體重過重、或是一直趕不上截止日期，但是我們到底為什麼會這樣的原因並不清楚。**所以要戒除習慣，首先必須了解自己在何時、如何、以及何地會進行這些習慣**。我們對自己的某些習慣是很清楚的，但是也有很多是我們不清楚的，所以**除非你先知道你的習慣是什麼，否則它就很難改變**。其他人也許可以幫忙提供線索（如果你可以接受詢問後結果的話），但是有一個獨立的方法就是「保持警覺、留意自己的行為」。

對於缺乏這種經驗的人來說，這個方法聽起來會令人怯步，但是它的基本道理很簡單。「**保持警覺、留意自己的行為**」**就是**「**活在當下**」。在許多方面來說，它跟我們行使習慣的經驗是相反的。**「保持警覺、留意自己的行為」就是要增加你對當時所做行為的警覺度**。這種「察覺力」經常會與靜坐的境界相提並論，但是實際上，它就是一種生活方式或生活態度。**所有事物絕對可以在留心的狀況下完成，而「注意力」就是其中的核心**。

除此之外，使用「注意力」的技巧也很重要。佛教所鼓勵的「正念」（清楚察覺當下那一刻的存在狀態）態度就包括了愛、慈悲、以及包容。所以你不只是冷靜地觀察自己的思維；你也必須試著接受這些正面或負面的思緒。你不是坐在那兒批判自己，而是嘗試體驗那一刻以慈悲善待自己。那些「活在每一剎那」的修行者都說，這種方式會讓你體驗到完全不同的生活。有些心理學家把這種方式稱為「再次感知」。「再次感知」可以讓我們觀察自己對事件的自動化反應，並且看清事件發生時的背景或狀況。注意到自己對世界的詮釋角度而不要被捲入世事的洪流，會讓我們變得更認識自己。

三步驟掌握正念冥想入門方法

因為「警覺、留意」對於習慣的發現是一項極為有用的精神狀態，以下就是正念冥想的入門方法。你不需要冥想才能發現自己的習慣，這些方式的目的是為了練習、培養正確的心理狀態。

STEP1 放鬆身體以及精神

找出時間、輕鬆地坐下、也許放一點柔和的音樂、並使用任何一種對你有用、可以沉靜下來的技巧（非藥物）。這個步驟相對來說比較簡單，我們雖然沒有很多機會，但是大部分的人都對放鬆有點經驗。

STEP2 專注於某事物

冥想者常常將注意力放在呼吸、感受吸氣吐氣，但是這種注意力也可以放在任何一件事物上，例如你的腳、一顆馬鈴薯、或是一顆石頭。專注在呼吸上比較方便的原因，是因為呼吸一直與我們同在。但是不管你所專注的東西為何，你要試著把注意力放在上面。一旦你的注意力稍微不集中（而且這很常見），你再輕輕地把注意力拉回。不要責備自己，要對自己仁慈一點。你會很驚訝地發現把注意力放在某件事物上，其實是非常困難的：你幾乎馬上就感到精神疲累。有經驗的修行者說，這種感受會隨著不斷地練習而逐漸消失。

STEP3 保持正念

這個方式有點玄妙，但大意如下：不要批判你的想法，讓你的想法自行來去（哇，雜念真的很多，來來回回地不停穿梭！），而且不管你原本的目標是什麼，試著把你的注意力帶回原點。這個方式十分困難，因為你會直覺地批評自己。比方說，你的思維回到了上星期令你覺得丟臉的一刻，而你就會在精神上打自己一下。與其這麼做，**這裡的關鍵就是要用事不干己的態度，觀察事情發生的過程，但是不要讓自己捲入這個事件裡**。雖然對多數人來說，這不是那麼容易就可以達成的思維方式，但是它會產生巨大的助益。

不只是冥想，幾乎所有的事情都可以適用正念。冥想的重點就是，練習進入一種特別的自我關照精神境界。接著，你可以刷牙時正念、上網時正念、甚至是看體育賽事時保持正念。如果你可以在一天內，時時覺知，很快地，你會開始注意到思維及行為上有好有壞的習慣。最後，你所想要改變的習慣，以及為什麼要改變，就會變得比較明顯。

在一項正念的研究中，參加實驗者想要增加其激烈運動的總量。研究者發現那些比較留意自己行為的人，比較會遵照其意圖而行動，而不會讓自己的舊習慣接收掌管。在另外一個研究組中，參加實驗者試著減少習慣性的狂飲、酗酒行為。這種行為常見的原因來自社會壓力——當他人鼓勵自己去進行對方的習慣時，人們發現要堅持自己的意圖是非常困難的。**再一次地，那些比較留意自己在做什麼的人，比較可以根據其意圖控制**

自己的行為。

關於正念練習有一點要注意：並非適合每一個人。有些人似乎很陶醉於「觀看自己大腦如何運作」所產生的智識觀點，但並非每個人皆如此。如果你覺得這種方法使人厭煩，那麼其他技巧可能比較適合你。

壓制強烈習慣，警戒性監測是最佳短期策略

——

「正念」所提倡的警戒性，不只對發現習慣如何運作來說很重要，這種警戒性，也會讓我們本能地想戒除壞習慣。由杜克大學（Duke University）傑佛瑞．昆恩（Jeffrey Quinn）領軍的一項研究，就是想看「警覺性」在戒除習慣上的效果到底如何。首先，他們詢問參加實驗者想要戒除哪些習慣，這些習慣包括吃垃圾食物、延遲、上課遲到、睡得太晚、甚至是把頭髮燙直等等。但是囊括前三名的部分都是跟睡覺、吃與延遲（需要我告訴你參加實驗者都是大學生嗎？）有關。接著每個參加實驗者都收到一本日記本，記錄他們何時及如何對付他們的壞習慣。結果研究人員發現最常見的三個策略是「警戒性監測」（例如想著「別去做」）、「分散注意力」、以及「改變狀況」。

參加實驗者每隔兩天會向研究人員報到，然後一起討論日記本上每一個記錄，其內

容包括習慣的強度、此習慣對受測者有多大的誘惑力、受測者使用哪些策略，以及他們所做的努力是否成功。**實驗結果發現，受測者想要阻止自己從事的行為居然只有一部分是習慣，其他都是誘惑。習慣跟誘惑之間的差別在於情感，而且這個差別相當重要。誘惑是我們基本的慾望，例如水、食物、以及性。**當你覺得有誘惑出現，比方說想要吃一塊派或是喝一杯酒，你會在內心感受到這種感覺。但是習慣的定義是，也許在當初它是由強烈的情感所形成，但是時至今日，你已經是在不知不覺的狀況下從事這個行為。

研究人員後來發現如果習慣很強烈，「警戒性監測」是最有效的策略，接下來才是「分散注意力」，其他的方法則是沒有多大的助益。根據我們對習慣的了解，這個結果是很合理的。我們會因為環境的暗示而自動進行習慣行為，所以為了阻止習慣行為，我們必須留意身旁的暗示，以便行使自我控制。在另一個研究中，這個結果則是在實驗室中進行驗證。參加實驗者學會了對某一個字的反應，之後，為了對抗他們已有的習慣，他們要去改變這個反應。這項實驗的結果支持了前面那項實驗的結論，也就是說在壓制強烈的習慣時，「警戒性監測」是最成功的短期策略。

壓抑思維，反而愈容易反彈

理論上來說，如果你能發現一個習慣，即可讓自己停止該項行為；但是很不幸地，這個直覺反應計畫有一個非常大的問題。雖然這種自我控制可能在短期之內很有用，但是在幾天之後或長期來說，它就會慢慢消退。這個缺點跟我們大腦運作的一個令人討厭的矛盾性功能有關。這項功能的研究可以由丹尼爾．華格納（Daniel Wegner）所領導的實驗中看得到。在這項實驗中，參加實驗者被要求在五分鐘之內，不要去想像一隻虛構的白熊。接著在下一個五分鐘，他們被要求想像一隻白熊。在整個實驗中，參加實驗者用口頭報告他們腦中所浮現的思維，而且每次他們想到白熊時，就要按一下鈴。最後研究人員發現，跟對照組內、十分鐘之內都要想著白熊的實驗者比較之下，首先想要壓抑思維的實驗者，在第二個五分鐘的按鈴次數要比對照組的人多了近乎兩倍。在一開始時壓抑思維的行為，反而使得被壓抑的想法出現強烈的反彈。

研究發現相同的作用也發生在以下這些人身上：儘量不要想到抽菸以及跟情感有關的惱人記憶，還有反抗負面想法的憂鬱症患者。丹尼爾．華格納教授用「矛盾歷程理論」來解釋這種現象。根據這個理論，在我想停止思考一個不斷出現的想法時，就會出現以下的過程：首先，我會故意分心想到別的事情。第二，矛盾就出現了，我的大腦開始無意識地檢查，我是否還在想著我不該想的事情。麻煩就出現在當我故意停止想到別的事情時，我的潛意識還在繼續留意我想要壓抑的想法。只要潛意識看到任何想法跟它所要找的目標沾上一點邊，那個想法就會被啟動，結果我又回到原點，重新掉入相同思維的循環、想著我急切想要忘記的想法。

想要戒掉壞習慣的實際結果就是你愈是要把壞習慣從大腦中剔除，它反而會愈常出現。比方說你愈要壓制如吃高熱量食物的壞習慣，結果它就變得愈至關重要，而且要吃這種食物的機會好像變多了起來。**壓制思維不但沒有用，它也可能會引發負面情緒或行為的後果。研究發現有吸毒、抽菸、吃太多等等不同行為問題的人，在壓抑他們的思維及情感時，較常會經歷負面情緒，反之，則不然。**

還有別的證據顯示，**如果只靠壓制思維來戒除習慣的話，可能會導致與期望相反的反作用。**「狂食症」的研究指出，「狂食症」通常發生在節食減肥之後。似乎就是這種嚴格的飲食（與學習克制飲食習慣相反）會導致「狂食症」的發生，而不是「狂食症」會導致嚴格飲食。同樣地，那些想要壓制喝酒或抽菸慾望的人，似乎很容易在試圖壓抑自己之後，出現狂飲或猛抽香菸的行為。甚至那些試圖克制自己、只在社交場合喝酒的人，也傾向出現狂飲反應。所以有時候「抑制」反而會使習慣失控，而不是偶爾讓習慣出軌。也許這就是有時人們覺得當他們剛開始想改變習慣時，反而會變本加厲地從事他們想改變的習慣。如果你知道這是一種正常反應，而且可能只是戒除習慣的一個過程，對你來說就會很有用。

以新習慣代替舊習慣，比較容易擺脫舊習慣

壓制習慣會導致反作用的理論，暗示了一項非常重要的另項選擇。請把你所要改變的習慣當作是一條長久以來、往同一方向流動的大河，但是你現在忽然要它停止流動。你不能只是把河水用攔壩攔起來，因為河水水位一定會升高、衝過攔壩。相反地，你要鼓勵這條河流往不同的方向。為了戒除惡習，你一定要找到一個新習慣與之抗衡。這就是為什麼想戒菸的人嚼口香糖：這不只是口香糖裡可能含有尼古丁，嚼口香糖也可替代嘴巴裡有東西的習慣。

我們可以用另一個例子解釋：比方說你想改變「不要踩到人行道上的裂縫」的習慣，但是光是禁止這項行為會是很困難的，因為你愈不要去想到裂縫，你就會愈注意到它們的存在，並且會變得很想去避開這些裂縫。相反地，你可以開始進行「往上看」的新習慣。如果你能在一段時間之內約束舊習慣，這就可以開啟改變之窗，讓你加入一個全新、令人滿意的新習慣。透過重複的進行，這項新習慣會逐漸地替代舊習慣。

當你選擇一項新習慣代替舊習慣時，你可以套用我們之前談過的一些理論。「思考上的對照法」可以幫助你思考哪一個習慣可以成功地代替舊習慣，而「執行意圖」或是「『如果』……『就會』計畫」，可以用來擬定非常明確的行動計畫、把舊狀況與新習慣做出聯結。你也可以利用「執行意圖」幫助抵擋不請自來的想法或疏忽的習慣，並思索如何處理對效果不滿意的問題。

雖然你已經建立了新習慣，但是舊習慣還會繼續存在、鬼鬼祟祟地躲在幕後。舊習慣真的是非常難改，利用動物及人類所做的研究都指出，雖然透過不再重複的行為，舊習慣已經很明顯地拔除，但是它們還隱藏在暗處、等待著被重新啟動。這就跟你永遠不會忘記怎麼騎腳踏車一樣。那些在你腦中的聯結並沒有消失，它們只是處於靜止狀態。很不幸地，培養新習慣通常不會摧毀舊習慣。高度相似情境或狀況，還是有能力啟動舊的行為模式，甚至只要一點點類似的環境，也會出現情境暗示、導致你開啟舊習慣的危險。短期能夠滿足強烈需要或解決問題的習慣，特別容易使你故態復萌。所以例如像酗酒的人必須持續注意自己的問題，因為他們的酗酒習慣很容易就被心情低落、或經過一家賣酒店舖而被喚醒。

長期的習慣，光是因為它已經成為不知不覺的行為，就足以使它與我們的意志產生對抗。也就是說，我們根本就不知道自己做的是習慣性的行為。但是有證據顯示「執行意圖」有助於「把習慣帶到有知覺的狀態下執行」的選擇。事前先擬出確實的計畫可以降低在當下所需要的思考，並提供與壞習慣相抗衡的自動反應。對於強烈的習慣來說，與其只是自動地進行你的舊習，如果知道你有選擇的權利，就已經算是進步了。

很幸運地，大部分的日常習慣有各種不同的其他選擇：比方說選擇吃西瓜而不要吃冰淇淋、看一本有益的書而不要看電視、或是在吃晚飯時向你的另一半提出特別的問題，而不是一再談到老掉牙的話題。當你可以專注在嶄新、計畫完善的習慣、而不是一味想著壓制舊習慣時，成功戒除習慣的可能性才會增加。

• • •

沒有人想承認自己只是平常人，更遑論是低於平常人。在心理學家的訪談中，絕大多數的人都把自己在各方面的表現定位在高於平常人，例如智力、外表、健康等等。自我控制這個項目也不例外：人們一再高估他們控制自己的能力。這種過度自信會導致人們自認自己可以在各種狀況下控制自己的行為，但是事實則不然。這也就是為什麼試著想要戒除討厭的習慣，會變成一項非常令人沮喪的任務。從我們決定改變習慣的時候開始，過了很多天、很多個星期之後，我們開始注意到這個習慣一再出現。長期維持舊習慣的慣性把我們刻意想要改變的希望，打擊到只能投降的地步。

意志力薄弱，積習難改

每個人自我控制力的強弱都不一樣，因此有些人會比其他人更不容易破除舊習。但是每個人的自制力都只是有限的資源；就像是肌肉的力量，我們用得愈多，所剩下的就愈少，只有用休息才能重新回復肌肉的力量。在一項研究中，參加實驗者首先必須抗拒吃巧克力的誘惑（他們吃小蘿蔔代替）；接著他們要從事一項令人氣餒的任務。這項實驗的目的是想了解他們能夠維持多久。吃小蘿蔔的人在這項任務上只維持了約八分鐘，但是那些大吃巧克力的人卻在這項工作上維持了約十九分鐘。**光是運用意志力，就把對未來嘗試的力量吸乾。**在不同狀況的實驗中，這類的結果一次又一次地被證實。

我們整天都在面對這類「耗盡意志力」的事件。有人在街上撞了你，你得控制自己不要向對方大叫，或是你已經上班到筋疲力盡，但是還是要繼續處理電子郵件。這些事情都會導致對你的傷害。愈是不順利的一天，我們愈是需要運用意志力以及自動導航，換句話說，我們會更加依賴習慣。了解「自我控制是有限資源」的事實非常重要，而且你很可能會高估它的效力。了解你在什麼時候會出現很低的自制力，就表示你可以為這些低自制力時刻擬定出明確的計畫。

好消息就是雖然意志力是一項有限的資源，但是有許多策略可以幫助你戒除舊習慣。**「事前承諾」就是贏得自制力之戰的一項利器**。比方說你想避免把周末浪費在玩電腦遊戲的惡習，一項最佳的「事前承諾」策略就是把遊樂器拿到花園砸成碎片。這個極端方式所代表的就是很嚴肅的承諾。但是另一個方式可能就是把遊樂器放在朋友家。這是讓「未來的你」減少選擇的方法。**在你自制力高的時候做出很困難的決定，可以在日後萬一你的自制力在工作或通勤時受到強烈打擊時，提供對你的保護**。甚至比較不那麼激烈的方法也很有用，例如為了防止延遲的惡習，僅僅是給自己設下時限，就可以有效地協助自我控制力。「事前承諾」的力量，也被證明可以增加人們存款的習慣。

戒除習慣方法2　自我肯定

自我設定的獎勵以及懲罰也會有效，但前提必須是為了做某事本身而去做某事，這要比依賴「紅蘿蔔與棍子（獎與懲）」來得強。甚至連最基本、所有一再重複的自我激勵訣竅也有用：沒錯，就是要正面思考！如果你對自己做出改變的能力產生樂觀的預測，它會成為動機的一大助力。

但是只有告訴你要「正面思考」是有一點含糊，我們現在就仔細來分析「正面思考」是什麼。產生比較樂觀看法的方式之一就是，思考你想改變某項習慣的態度。你為什麼會想戒除或改變某習慣；這個目標哪一點吸引你？同時你也要找出為什麼你的惡習會讓你如此厭惡？你愈是能切題、清晰地列出新好習慣的正面觀點以及壞習慣的負面觀點，你就愈有希望可以運用你的自制力。這裡舉一個實例：有咬指甲習慣、但同時想留長指甲的人，與那些覺得這件事沒啥大不了的人相較之下，就會有比較好的機會可以戒除咬指甲的惡習。

自我肯定的效用

就算有這些交叉計畫和策略，甚至連有超強意志力的人，也會忽然發現自己做出他們告訴自己永遠不會再出現的壞習慣。但是心理學家發現，「自我肯定」——也就是思考你的正面特質——會在自我控制的追求上有所助益。

在一項由布蘭登．舒麥克（Brandon Schmeichel）及凱特琳．佛斯（Kathleen Vohs）所做的研究中，有一半的參與實驗者，其自我控制力完全耗盡，因為他們被要求寫一篇文章，但是不可以用字母「a」和「n」。之後所有的人都接受一個典型的自我控制測驗：把手放入一個裝滿冰水的桶子，一直到不能忍受為止。他們的手在一兩分鐘之後就會變得很痛。那些不能用字母「a」和「n」、而且還沒有機會從之前心情恢復的人，平均把手放在冰水裡的時間是二十七秒，但是那些可以用任何字母寫作的人，平均則是八十秒。

「自我肯定」的補充效應以如下說明。有半組耗盡自制力的實驗者，在把手放入冰水之前寫了一篇文章，內容是寫到他們的核心價值，比方說他們與家庭的關係、他們的創造力、對美的愛好，以及一切他們認為很重要的事情。之後，他們把手放在冰水裡的時間，平均居然長達六十一秒，這個數字幾乎是那些沒有自我肯定者的兩倍。因此似乎「自我肯定」可以補充消失殆盡的自我控制力。

自我肯定為什麼有效？

「自我肯定」有用的原因是因為它改變了我們的心態。思考核心價值會讓人傾向於抽象思考。當我們對所做的事情產生哲學性思考時，可以幫助我們當下遠離誘惑，讓自制力有個機會阻斷壞習慣。「自我肯定」不但在當下時刻有效，它對我們在計畫未來時也一樣有用，其原因是因為它可以鼓勵人們遠離對其目標的誘惑，而這些誘惑是當事人自己知道未來一定必須面對的。

這些提高自制力的努力，有一個很令人驚喜的副作用。就像肌肉，鍛鍊自制力會增加它的力量。因此光是想改變一個習慣，就會產生滾雪球的效應。有項研究成功維持新運動計畫的人顯示，這些人的自制力也會增加，但值得注意的是，他們自制力延伸的範圍卻與運動無關。在他們運用過自制力之後，他們較傾向選擇學習而不去看電視，而且發展出比較好的居家習慣，如洗碗碟的次數增加了。

同樣的狀況也發生在另一個研究裡。在這個研究中，人們接受了如何管理金錢的教學。參加實驗者發現他們不但花錢比較有節制，同時也發現自己比較可以調節喝酒、情緒、食物，以及再次出現的居家習慣。很明顯地，鍛鍊自制力肌肉在許多方面來說，會是很有用的。

・・・

戒除習慣方法3　改變情境

擬定計畫及運用自制力只能幫你將習慣破除到某種程度，你可能需要更激烈的手段，才能將舊習完全去除。想要改變積習，其中最好的方法之一就是改變情境。由於習慣是一再受我們所處的慣常情境暗示而行使，那麼改變那個情境應該就可以避免行使習慣的暗示。這就像你到一個嶄新、不熟悉的城市度假，你會突然感覺到很興奮也很疲累。在家的時候，吃東西、出門、甚至對話都是部分、或全部的自動化反應，但是度假時，沒有這些熟悉情境的依靠，即使是最小的決定都必須有意識地做。很快地，你就建立起了習慣：有一特定的咖啡館，你可以一邊喝咖啡、一邊欣賞風景；你開始在同一時間到海邊，然後回到同一家餐廳吃晚飯。但是在假期開剛始時有一個很短的時間，可以提供你一個機會之窗——你茫然地處於一個新環境、什麼事情都有可能，而且你可以把所有舊習都丟在腦後。

改變情境就能改變習慣

的確有證據顯示改變背景或情境，就可以改變習慣。在前面我們提過一個研究談到參加實驗的轉學大學生，可以在情境更改的情況下，改變每天看電視、看書，以及運動習慣。學生的意圖在這兩個學校之間也出現改變，而且這種情況並不是偶然。**新環境會強迫我們刻意思考要做什麼事，因此我們的行為會跟意圖緊緊地結合在一起**。這也就是為何人們的購物習慣會因為生活中出現重大改變而隨之轉變，這些生活重大改變包括：

搬家、換工作、或生孩子。同樣的情形也出現在「行」的習慣。有一項英國的研究想看搬家對「行」的選擇有何影響。他們發現剛搬家的人如果有環保意識的話，比較可能會改變「行」的習慣。相較之下，那些有相同的高度環保意識、但是在近期沒有搬家的人，比較不可能做出任何改變。再一次地，新情境的某種元素就足以讓我們跳出舊習，並且開始建立新習慣。

但是這個方法也太激烈了：只為了你想把開車的習慣改成走路的習慣，你就要搬到另一個房子、城市、或國家？還有，雖然度假對建立新習慣有益，但是我們很快就得回家、回到一成不變的環境與習慣。大多數的人並不會因為想撼動舊習，因而就期盼、或是有足夠資源可以搬家。我們不需要這種大變動，也可以在已存在的情境中，利用一些方法做出些許的調整。

小變動也能改變習慣

有一兩個線索就是來自一套真正有潛力改變個人的簡單研究。過去幾十年來，公共衛生官員一直熱中地想讓人們使用樓梯，因為爬樓梯被視為是一種很可以融入生活的運動。為了鼓勵大家響應，各種花招都相繼出爐，但是最有效的方法也是最簡單的方法

——你在樓梯底層放上一個標牌，上面就寫著爬樓梯會比坐電梯多燃燒五倍的熱量。很神奇地，只要一張紙的價錢，有些人真的從坐電梯改成爬樓梯。當研究人員分析十六個與此相關的介入方式時，他們發現平均來說，樓梯的使用率增加了百分之五十。顯然，這個研究的標準是蠻低的，因為沒有多少人一開始就使用樓梯，但是這個實驗證明在環境中做出小小的改變是有用的。

人們有時會自然地使用這些環境上的介入方式。例如把鬧鐘移到手伸不到的地方、去除家中含有高脂的食物，或者是為了能專心做事就把網路線拔掉、把路由器藏起來。所有這類稍微改變環境的小動作，可以提醒我們想要破除的習慣，而其中的關鍵就是要找到一個方法來破壞我們不知不覺、自動化的反應，然後把決定權提升到有感知的程度。當你家裡沒有洋芋片、沒有網路、或是你很難按到鬧鐘鈴聲的開關，這些狀況就會強迫你想到對自己的承諾，並且可以在頭腦清楚的狀態下，做出你是否要破除那項習慣的決定。你還是很可能會做出錯誤的決策，但是起碼你是在有感知的狀況下做出決定，而不是一味自動地進行你的壞習慣。

稍微改變環境如寫便條、甚至是用鬧鐘的問題是，很快就失去新鮮感，因而很容易被忽視。曾住過合租房子的人都知道，寫滿提示的便條紙滿屋都是，而且很快地大家就變得視而不見。如果你注意到自己沒有成功地行使新習慣，應該檢查你在環境所設置的提醒。可不可能你已經對他們視而不見？如果是的話，你應該把它們換成你會注意到的新事物。但是最終來說，這些環境改變是不是會得到重視，所依賴的是你當初對建立新習慣所持有的決心程度。提示與其他環境上的微調只能輕微提醒我們，它們無法強迫我們去行使新習慣。

• • •

毫無疑問地，甚至很細微的習慣改變都會讓我們不知所措。一個多世紀以前，德裔美國人雨果．曼斯特柏格（Hugo Münsterberg）在追求破除個人習慣方面，一再地拿自己做實驗。他試著在他每日的例行事務中做出簡單的改變，並且詳細記載每一次他回到舊習的記錄。在一項改變中，他決定不走從自己辦公室通到走廊的門，而改用通往祕書辦公室出入的門。用不了多久，他非常惱怒地發現自己不只一次、而且多次地會去使用自己辦公室通往走廊的門。

在另一次不斷改變習慣的活動中，曼斯特柏格開始對其墨水瓶的位置做實驗。他已經習慣把羽毛筆放入左手旁的墨水瓶蘸濕，因此他在左手邊放了一個空的墨水瓶，而把裝滿墨水的墨水瓶放在右手邊。在寫字寫了一天之後，他發現每一次還是會回到舊習慣，使用左邊的墨水瓶。大約一星期之後，他錯誤使用了左邊空墨水瓶六十四次，但是再過兩星期之後，錯誤使用率出現戲劇性的下降。接著，他繼續練習把蘸濕羽毛筆的習慣從左邊換到右邊，逐漸地，他終於可以不犯錯誤、成功地把裝滿墨水的墨水瓶從左邊的位置換到右邊。他也在懷錶上做了相同的實驗，而且很滿意地發現只要有毅力，他就可以毫無差錯的在習慣之間做出轉換。

雖然很多人在戒除舊習慣的時候失敗了，但是不要氣餒、希望還是存在。我們偶爾也能改變自己的習慣：在日常習慣如吃早點、水果攝取量，以及「行」的選擇方面，有研究證明，我們不但可以、而且確實能想辦法戒除舊習，或者我們起碼能用好習慣來替代舊習慣。

就像培養習慣一樣，戒除習慣也需要一些奸巧的伎倆，甚至它要比培養習慣還更需要運用一些靈巧的方式，因為舊習慣一直都會躲在暗處、等待著被重新啟動。但是只要你了解習慣如何運作，改變習慣成功的機會則會大增。

11

HEALTHY HABITS

健康的習慣：破除你的不知不覺，讓你更健康

「你覺得自己很胖嗎？你對自己的外表很沒自信嗎？用過各種快速減肥方法，你的體重是否起落不定？你是不是對挨餓已經感到厭倦？你想知道你所有減肥問題的解決之道嗎？那麼我就告訴你，我的祕訣！這一切都發生在十五年前的某一天，我有個朋友問我要怎麼樣減肥，於是，我告訴她我能有如此勻稱的身材，完全要歸功於我設計的一個特殊飲食方法。當我向她解釋這個完全自然的減肥方法，只需要二十八天就可以讓她減去多餘的體重時，她感到十分驚訝。她簡直不敢相信，但是在四個星期之後，她已經穿上了小三號的新衣服！看到她如此的興奮，我決定也讓世界分享我的減肥祕方。到今天，我已經在全世界各地幫助幾百萬人改變生活，而我也可以幫助你……」

當然了，我是在惡意攻擊最爛的減肥書，這些書都用最怪異的花招，向讀者做出天大的保證，同時又說這整個過程就像一陣春風吹過一樣的簡單。快速減肥法也許能在短期之內奏效，但是我們內心都知道吃洋芹以及高纖飲食方法不可能維持長久。但是如果我們把減肥光譜上比較可笑的一邊撇開不談，我們還是可以發現還有很多不錯的建議。許多關於健康飲食的書籍，不會基於吃、或不吃某些特定食品來向你推銷一個神奇的療癒方法。相反地，在談到吃哪類的食物以及維持健康生活型態的其他元素時，這些書會給你非常合理的建議。人們還是繼續購買好的飲食書籍、觀看電視上有關健康飲食的節目，以及在網路尋找健康的食譜。換句話說，關於維持健康生活型態的資料十分容易取得，但是還有很多人似乎無法接受這個好建議。

如何避免體重失控？

時至今日，你一定聽過很多關於肥胖的恐怖故事。大家都知道治療因飲食過量而引起的疾病要付出很大的代價，以及想辦法成功改變飲食習慣的人口數目是多麼微小。以下就是許多事實中的一個例子：從一九八〇年開始，美國成人過胖的百分比已經成長兩倍，而嚴重肥胖的百分比居然高達四倍。這類的數字也可以在世界上其他許多國家中看到。各國政府舉行一些健康飲食活動、試圖改變我們的飲食習慣，但是，這種努力有一個致命的大錯誤。這個錯誤就是政府只想改變我們的意圖以便影響我們的行為。它們警告人們肥胖的危險、對健康有何壞處，以及為什麼我們應該改變飲食。問題就是幾乎每個人都知道過度飲食會對健康造成哪些危害，以及為什麼他們應該改變習慣，但是困難的是他們就是不知道怎樣才能做得到。根據一些估計數字，只有百分之二十的人能夠長期遵守減重的飲食計畫。

但這不代表舉辦公共健康活動只是浪費時間的作法：在某些地區，這些活動的確會有一些成效。其中的癥結就是對於強烈習慣來說，這類活動只有微小的效果。但是根據我們對習慣的了解，這個結果完全合理。我們知道人們每個星期都採買差不多相同的食品，在相同環境下吃下這些食物，所以他們的飲食大部分是由其習慣來控制。同時，我們也知道想要教育大眾——也就是說想要改變他們的飲食意圖——在面對強烈習慣時，這種方法對其行為來說只會有微弱的影響。比方說參加一項研究的實驗者都有去速食店吃東西的習慣，他們發現就算自己有意避開這個習慣，最後都因習慣問題而失敗。最容易改變飲食習慣的唯一情況就是，你在一開始就沒有建立任何飲食模式。因此如果你是昨天才生的話，這真是天大的好消息。

1　爆米花實驗揭開習慣強大的力量

我們其他人則是要跟現有飲食模式所形成的嚴峻挑戰對抗。習慣強大的力量，可以從一項爆米花的研究得到完美的詮釋。**這項實驗專門研究人們在電影院吃爆米花的習慣——非常典型的，不管他們饑餓程度如何，都會吃下大量的爆米花**。研究人員想要知道的是，他們所處的環境與現有習慣會如何影響他們吃爆米花的分量。為了達到這個目的，他們讓一批參與實驗者坐在電影院內看電影的預告，另外一批人則是坐在會議室看音樂錄影帶。所有參與實驗的人都不知道他們做的實驗跟飲食有關，他們反而被告知所做的實驗是跟態度及性格相關。

在電影院的時候，因環境暗示所引起的強烈習慣出現了常見的效應：人們表現得像吃爆米花的機器人。在電影院內，不管爆米花是不是已經放在外面太久、很新鮮，或者人們覺得很餓或很飽，他們還是會津津有味地吃下差不多相同分量的爆米花。**習慣甚至會強力壓過喜好——喜歡爆米花對他們吃的分量多少沒有什麼影響**。但是如果吃爆米花的習慣比較微弱，人們會表現得比較像有理性及思想的正常人——因為對於放在外面太久的爆米花，他們會吃得比較少。

相較之下，在會議室的這批人，不管他們是否有在電影院吃爆米花的強烈習慣，全體都表現得像有理性及思想的正常人。他們對放得太久的爆米花會吃得比較少，而且整體來說，如果不餓的話，吃的量也會減少。**甚至對那些有強烈吃爆米花習慣的人來說，環境改變就已經足夠干擾他們自動化的行為。整體而言，在會議室的人比在電影院的人，少吃了約百分之五十爆米花的量。**

因此，習慣的心裡學理論是否可以幫助我們改變飲食習慣？很明顯地，它無法一次性地解決肥胖危機，但是它可以提供一些非常有用及實際的觀點。人們所犯的最大錯誤以及不良飲食書籍所經常重複的謬誤，就是嘗試做出巨大改變。長期性的快速減肥方式，或是在我們重複的飲食行為中做出劇烈的變動，對多數人來說可能實在太困難了。我們已經看到培養或戒除一個習慣有多困難：想想看，如果要你一次性改變所有的飲食習慣，困難度會有多高？這種方式實在是太不實際了，而且這種狀況改變的習慣將無法維持長久。

2 想成功維持體重？紀律很重要

美國國家體重控制登記中心（The National Weight Control Registry）從一九九五年以來，就一直在追蹤數以千計嘗試減肥的美國人。這個單位就提出了微小的習慣改變比較有效的證據。就像其他研究的結果一樣，只有少數幾個百分比的人可以在減肥之後維持理想體重。但是對這些成功維持體重的人來說，很重要的關鍵就是要建立規律、不變的例行事項。成功減肥者會規律地吃早點、在周末吃的食物與平日相同、吃相同種類的食物，而且大部分都會在相同環境下進食（在家）。

重要的是，許多減肥的人無法時時刻刻都吃對的食物、或是達到自己所設下的目標，但是那些成功的長期減肥者起碼朝著正確方向努力，並且想辦法維持成果。他們從改變一個小習慣開始，比方說在早上吃一個蘋果，等成功之後，再增加其他的改變。雖然這一點都不像好萊塢電影所描述的，但是它的優點就是它是正確、而且被證明有用的方法。

除了微小的改變之外，我們也看到環境會如何自動啟動我們的習慣。我們知道大家每天都在飲食上做出幾十個選擇，但是我們無法期望在每次做選擇時，都可以停下來、利用已知的資訊、思考之後再做選擇。當你在家感覺又累又餓、但還一直想著工作時，這種情況會特別明顯。這個時候，你的習慣會完全掌控你的行為。但是有了這個知識之後，我們就有可能稍微改變一下環境，來鼓勵行使正確的健康習慣。

3 小改變，破除你的不知不覺

到你的廚房去看一下：請問你看到什麼？你第一眼看到的食物是健康還不健康？你在檯子上看到的，是一盤水果還是零食？你吃東西的盤子有多大？你在廚房櫥櫃裡放了多少食物？儲存這些食物的容器是大還是小？**有研究發現，當食物存放在大容器裡時，人們會吃得比較多，因為他們會有「存貨壓力」（儲存的成本）**。

人們也會比較去吃他們看得見和放在手邊的食物。他們毫無知覺地會從大盤子吃下更多的東西，自然地幫自己多拿一點食物，並且以超大份量吃下自己給自己拿的食物。這種情況也在喝酒時可以見到，人們會從大一點的酒杯喝比較多的酒，這種例子多得不勝枚舉。**當包裝、器皿比較大的時候，隨之出現的就是比較大的湯匙**。這就表示我們有一系列改變環境的方式，來促進健康的飲食習慣。你會需要先試驗看看，找出適合自己的方法，但是這些試驗相對來說，是很簡單的。

甚至不在家的時候，也有可能做出一點小改變來調整你的習慣行為。跟剛才爆米花相關的追蹤研究就提出了一個小訣竅。有些坐在電影院的人被告知用他們不慣用的手吃爆米花，因此如果是慣用右手的人，就要改用左手來吃爆米花。很神奇地，**這一點改變似乎就可以達到期望的效果，讓人們跟舊有行為脫離，並且找回他們對自己行為的感知**

能力。用不慣用的手吃爆米花的時候，參加實驗者再次對爆米花的新鮮程度產生反應。這一點完全不像他們用慣有的手吃爆米花時就好像被催眠一樣，對爆米花的新鮮程度毫無知覺。

就算你改變家裡或在外面的環境，還是會有大量引起不良飲食的暗示存在：比方說到處都有的店鋪、廣告、自動販賣機等等。這表示在某種程度來說，改變飲食習慣永遠都跟自我控制有關。自我控制可以建立在遵守微小的飲食改變上，而這些益處可以導致更多的習慣改變。研究指出，**自我控制是一種廣義的能力：也就是說練習自我控制不一定要與食物相關，但是它的益處還是會流露出來。**

把這一點加上先前討論的其他心理學上自我控制的技巧，可能可以提供協助，以下就是討論過的清單：**我們必須了解自我控制是一項有限的資源，「事前承諾」、獎勵、懲罰、以及在意志力微弱時使用「自我肯定」**。我們特別要練習「保持警覺、留意自己的行為」，因為它可幫助我們注意到誘惑的出現，並且讓我們對誘惑產生自制、不會對它們採取任何行動。

4 負面執行意圖招致反效果

再一次地，「執行意圖」——也就是擬定非常清楚明白的計畫——在改變飲食習慣上會很有幫助。雖然在前面兩章討論過有關形成「執行意圖」的指導原則也適用在飲食問題上，但是其中有一個很大的附帶條件。人們常常在飲食計畫上會出現負面的策略：他們會告訴自己例如像「我不能吃巧克力」這類的話。雖然這也算是一種「執行意圖」，但是會成功嗎？有一系列的研究就在探討這種方式的效用，但是實驗結果發現使用這類的「負面執行意圖」，反而會出現令人訝異的反彈效應。

請回想前面一章所談到的不要想到白熊的實驗，最後的結果反而讓這個想法更強烈回到實驗者的腦海中。同樣地，當指示參加實驗者不要去想巧克力時，這個想法不但不會從腦海中消失，反而會發生反效果：當出現可以吃零食的機會時，他們會更加想吃巧克力。更糟糕的是，如果參加實驗者原本吃巧克力的習慣就很強烈時，這種反彈效應也會最強大。

在這個實驗中，如果實驗者不使用「負面執行意圖」，他們比較可以避免想吃不健康零食的想法。相反地，使用「正面執行意圖」去做別的事情通常會比較有效。因此，「『如果』我在兩頓飯之間感到飢餓，我『就會』避免吃巧克力」的想法，應該變成「『如果』我在兩頓飯之間感到飢餓，我『就會』吃一個蘋果。」

就算計畫得當，但是針對既有習慣，「執行意圖」往往微弱到產生不了效果。問題是，我們許多的飲食習慣是不假思索的。有時，我們甚至對要吃什麼的決策是無感的。更糟糕的是，我們往往不會留意哪些情境會啟動我們習慣性、不健康的飲食行為。

因此，心理學家提出了更強烈的策略組合，試著增加我們對於周邊暗示的知覺。這個組合包括「執行意圖」以及前面提過的「思考上的對照」策略：設想改變習慣後，帶給你的好處為何，之後再與令人不快的現實對比。這個方法的目的是將你腦海裡的「不良飲食習慣」與「這個習慣會如何阻撓你達成寶貴目標」做強烈的聯結。

5 組合策略實例：如何改掉吃零食的習慣

此一組合策略透過吃零食習慣的調查做了測試。以下是從這項研究所提供的指示，為他們提供有效的練習：

有時候就算你有最強的動機去實現你的希望，這個希望還是不會完全實現。那麼有哪些情況會讓你想達到「降低吃零食的壞習慣」的目標變得很困難呢？請先想想看，對你來說，要減少「吃不健康零食」最大的障礙是什麼，然後，把它用一個關鍵字寫下來。

接著，在腦海裡描述你所聯想到這個關鍵字相關的事件與經驗，充分發揮你的思維與想像力寫下它們。

做完這個練習之後，參加實驗者設定了自己的「執行意圖」，並避免使用「負面執行意圖」，以免發生完全相反的反彈效應。以下是一個例子：「如果我（障礙），覺得想吃零食，我就會吃一個（水果選項）。」典型的障礙可以是思維或是情緒，如無聊、饑餓、或疲勞；或者是某個情況，例如經過一家速食店。這項實驗的結果顯示這種方法可以幫助人們避免吃不健康的零食。當實驗者有強烈的習慣，在他們試著使用「思考上的對照法」以及「取代式執行意圖」策略時，他們會吃比較少的不健康食物，而且攝取的熱量幾乎降低一半。這個技巧成功的原因是，它會幫助我們認清有哪些狀況會出現暗示我們吃零食的行為。不管你有沒有「執行意圖」，如果無法認清環境的暗示，強烈習慣就有可能會被執行。

因為飲食習慣如此根深柢固，當我們想把這些習慣鎖在衣櫃、不讓它們跑出來時，它們還是時時刻刻地準備衝出重圍。改變飲食習慣必須是一個長期、漸進的過程，這裡所討論的心裡學技巧，都是有關認清哪種環境會啟動你飲食習慣，以及把你部分的自動飲食行為，從不知不覺提升到有知覺的境界。如果老習慣開始又出現，此時就必須在你的「執行意圖」、或是行使習慣的環境上做出一點小更動。這些技巧都是為了讓你找到最適合自己的方法，來幫助你戒除舊習以及開始建立比較健康的飲食習慣。

• • •

如何有效建立運動習慣？

做為社會的一分子，我們都對運動又愛又恨：很多善意的人以及社會組織，很喜歡建議我們做什麼，而我們卻很討厭接受這些建議。這些建議包括像是飲食與規律的運動，含有大幅地改善我們生活的潛力。但是就算你忽略運動有改善身體健康的好處，光是其增進大腦功能及振奮精神的益處，就能讓運動本身變得有價值。有幾十份研究過數千人的報告指出，運動確實可以增進記憶、注意力、推理能力、計畫能力，以及思考的整體速度。

沒錯，運動可能無法在一兩個星期就把你變成天才，但是以改善「認知功能」來說，運動會比以電腦為基礎的「腦力訓練」、藥物，以及營養補給品等方法來得更好。除此之外，運動會讓你覺得非常愉快，因此許多醫生會開出這個「處方」，幫助患有憂鬱、焦慮、以及飲食失調的病人。運動甚至跟抗憂鬱用藥或認知治療有相同效用。雖然大家都知道這個道理，每一個人也都這樣跟我們說，但是人們就是覺得要培養規律的運動習慣很難。

過去許多年來，心理學家一直認為我們的運動習慣大部分、甚至全部都在我們的有感控制之下，而且他們以為我們不運動的原因是我們不想運動。但是這個觀點已經轉變，因為從生活的許多層面裡，我們可以看見自己可能有意要開始運動，但是「有意」不等於我們會把它變成實際行動。有些研究健康的心理學家認為，我們不能希望光靠「改變對運動的態度」的介入方式來戒除強烈習慣——例如，你每天開車上班，但是其實你也可以走路或騎腳踏車去上班，單靠這種想法可能沒用。相反地，運動有很大一部分是跟習慣有關，而且運動習慣（或是應該說是懶散習慣）是在我們年輕時候就已經建立的。因此，年輕時有沒有運動習慣的簡單問題，可能成為影響我們日後是否從事運動的重大因素之一。

針對如何改變運動習慣的研究還在萌芽階段。然而，我們確實知道，心理學家發現了哪些介入方式可以有效幫助人們多多運動，而且這些結果聽起來都令人相當熟悉。倫敦大學學院的蘇珊．米契（Susan Mitchie）整理了一百多個關於健康飲食與運動的研究，而參與其中的人數約五萬人。在這些研究中，各種技巧都被拿來使用，其目標是想讓人們吃得健康及多運動。這些方法包括從最簡單的鼓勵、到時間管理訓練、以及提出因不健康行為所帶來的危險警告。從二十六種技巧的研究中，有一個技巧以一支獨秀的姿態勝出，這個巧方就是「自我監測」。

自我監測幫助注意自己行為，有效轉換新習慣

舉一個實例來說，在蘇格蘭的格蘭．貝克（Graham Baker）所領導的研究中，其目的是要鼓勵人們多多走路。研究人員首先請參加實驗者想想看，為什麼他們會認為走路對自己有益，以及有哪些障礙會阻撓他們達到目標（請注意，這跟我們前面討論的「思考性的對照法」過程很類似）。他們接著就擬定自己要何時運動的明確計畫，以及為自己設下想要達成的目標。

但是有一點非常關鍵，這些參與實驗的人都收到一個計步器：計步器的功能就是計算所走的步數。這個工具讓人們可以清楚看到他們到底做了多少運動。雖然從這個研究中，我們無法確定計步器是否造成差別，但是它很可能是一個相當重要的元素。不管是在培養新習慣或是想戒除、替代舊習慣，任何可以增進對運動習慣的感知方法都可能會有幫助。

跟注意到你自己的行為一樣，我們也看到不管是培養或戒除習慣都需要（令人不願

多想的）自我控制力。米契的研究發現以運動而言，我們之前探討可以鞏固自制力的方法是有幫助的。而其中最重要的方法之一，是用「執行意圖」決定何時及如何運動，這是因為如果運動是在相似的環境中重複發生，它比較有可能可以變成習慣。如果你總是在下班之後、吃晚飯之前跑步，或是一向就在吃早餐之前到健身房運動，那麼透過重複的行為，這些新習慣就非常有可能會跟著你。

運用執行意圖成功運動

「執行意圖」也可以用來保護你、讓你不受「不想運動」的思緒或狀況影響。這類的簡單計畫被證明有用，而且會鼓勵你做更多的運動。比方說，許多人說他們忙到沒有時間運動。「執行意圖」在這種狀況下可以這樣用：「『如果』我太忙沒有時間運動，我『就會』提醒自己說運動可以幫助我頭腦清醒、讓我的工作更有效率。」

另外一個讓人不敢相信的常見錯誤就是把你的目標設得太高、而且時間太短（相當於快速減肥的運動版）。以下就是這種情形下可以使用的「執行意圖」：「『如果』我很想在一開始時對自己太嚴苛，我『就會』試著訂下實際的目標。」其他你可能會面對的問題包括：外面太冷、你沒有合適的裝備、你不想單獨運動、或是你覺得焦慮或憂鬱等。這些問題都有解決之道，而且只要加上一點創意，你就可以找到最適合你的方法。

想要開始建立運動習慣最大的阻撓之一，就是你很難把運動融入你一天的時間內。飲食習慣則不然，「胃口」會自然而然地提醒我們要吃東西。大約四或五個小時，「胃口」很準時地就會出現。對沒有運動習慣的人來說，因為身體不會出現需要得到滿足的慾望，所以會讓我們做出某種特別行為的定時暗示並不存在。因此想要發展運動習慣，就要創造出讓我們自動去運動的暗示或通知。在一天中找到正確的空檔、適合的運動，以及處理不可避免的障礙，就可以決定你是否可以讓這個習慣維持下去。運動習慣可能需要數月才能融入生活，但是它會讓你的生活出現相當大的改善。

• • •

成功戒菸方法

如果你覺得改變運動或飲食習慣很困難的話，你應該看看戒菸的情況。英國在戒菸運動方面領先群倫，而它的一些數據可以提供一個很嚴肅的啟示。在英國，超過十六歲的人口中有五分之一的人抽菸，這樣全國就有八百五十萬的抽菸人口。其中有三百九十萬人在二〇〇九年想要戒菸，而且很典型的，只有百分之二到三的人成功。換句話說，成功戒菸的人只有十三萬六千人。在嘗試戒菸的第一個星期，有百分之七十五的人又開始抽菸。在一個月之內，百分之九十的人又回到舊習、開始抽菸。根據這些數據，戒菸成功率甚至比減肥成功率還要低。

就像我們都不需要人家告訴我們關於健康飲食或運動的好處，我們也不需要人家提醒我們抽菸的風險有多大。抽菸引起的疾病包括癌症、心血管疾病、肺氣腫等等。對那些比較熟齡的吸菸者而言，這裡有個事實可以作為有用的戒菸動機：在三十五歲之後，你每延遲一年戒菸，壽命平均會減少三個月。

戒菸究竟難不難？難在哪兒？

既然抽菸對健康不好，而且每個看這本書的人無不了解抽菸的壞處，為什麼人們還是覺得戒菸很難？這個問題的答案就是所有想要戒菸的人，都要同時與兩個頑強的習慣相對抗。一個習慣是跟自動、慣常性對某種情境的反應有關（例如與朋友一起抽菸，或是一邊喝酒、一邊抽菸）；另一個是化學性習慣。就是後者這種化學性、或稱為「上癮」的部分，讓戒菸變得那麼困難。當你抽菸的時候，有一大劑量的尼古丁會在幾秒之內到達你的大腦，接著中腦會釋放出神經傳導素「多巴胺」。因為持續抽菸、大腦出現化學變化，因而創造出你對尼古丁的饑渴。所以想戒菸的人，不只要對抗一個與某種情境產生聯結的行為，他還需要與自己體內的化學狀況相抗衡。在第一個星期，戒菸者會體驗到一系列非常不舒服的症狀，如焦慮、憤怒、失眠、沒有耐心、坐立不安，以及沮喪消沉之感。但是只要抽一根菸，就可以把所有這些不舒服的感覺驅逐，難怪有百分之九十的人在戒菸的第一個星期就放棄戒菸。

尼古丁替代療法有效嗎？

想戒菸的人通常用「尼古丁替代療法（NRT）」來嘗試擊退他們的化學性習慣。不管它是貼片、口香糖、吸入器、或噴霧器，當尼古丁用除了香菸以外的方法送到身體，就會幫助人們戒菸。「尼古丁替代療法」可以增加百分之五十到七十的戒菸成功率。如果將貼片及口香糖合用，更會增加戒菸的成功機率。

「尼古丁替代療法」可以幫助減除化學性習慣，但是它對行為上的習慣幾乎沒有影響。強烈習慣還是強大到可以自動暗示行使行為，甚至在觸犯法律的情況下也是如此。在二〇〇七年七月，英國嚴格執行在公共場所不許抽菸的法律，換句話說，到小酒館光顧的抽菸者，必須要到餐廳外面才能抽菸。儘管明文禁止，研究人員懷疑抽菸的習慣會不會強大到讓抽菸者不小心在室內點燃香菸。為了測試這個想法，他們測量了五百八十三人的抽菸習慣，然後在禁止令下達之後，研究人員詢問這些吸菸者他們在小酒館內意外點燃、或差一點點燃香菸的次數。幾乎有一半的人承認他們有過這種經驗，而那些有比較強烈抽菸習慣的人，發現在想到抽菸不合法之前，他們比較容易會自動點燃香菸。很重要的是，這種情況可能跟尼古丁上癮無關，因為抽菸習慣較輕微與抽菸習慣較嚴重的人，其犯下錯誤的機率差不多。這種習慣反而跟喝酒有關：也就是說抽菸與喝酒之間的強烈關聯性，導致人們會自動點燃香菸。

打敗抽菸的壞習慣需增強動機與鞏固自制力

抽菸習慣的強烈韌性，意味著有志於戒菸的人，必須考慮他們要如何處理自動性的行為。關於這點，有許多的技巧都被試過用來幫助人們戒菸。大體而言，如果想要打敗行為上的壞習慣，就必須增強動機以及鞏固自制力。當然了，如果沒有動機的話，所有想要改變的嘗試都不會成功。改變的強烈動機可以來自大家所熟悉的抽菸危害，以及抽菸帶來的明顯缺點——如身上的香菸味以及黃色的牙齒。但是除了這些缺點之外，我們也必須考慮那些為了達到改變而出現的障礙——這些障礙可能是個人或環境上、會讓他們行使習慣行為的暗示。

我們已經看過「思考性的對照法」如何增加動機。測試這個理論的方法就是請抽菸者先思考在戒菸成功後，他們會得到哪四種好處：比方說皮膚狀況改善、有比較多的精力以及自我尊嚴。接著他們要從中選擇一項好處，然後思考現實生活中所有層面會讓他們停止戒菸的因素。這些因素可能包括同儕壓力、緊張焦慮，以及參加派對。實驗結果顯示，與那些沒有將幻想與現實對照的人比較起來，這些做過對照的人比較容易馬上採取戒菸行動。

很重要的一點是，這個方法只有在對成功有高度預期的人身上有效。當對成功的預期很低時，正面的幻想與負面的事實會感覺相差太遠。這也就是為什麼想要戒菸的人，會需要一點額外的支持。研究證實如果戒菸行為得到支持，可以讓戒菸成功的機率超過「尼古丁替代療法」的兩倍以上。除此之外，個人諮詢以及電話上的支持也會產生效果。

在自我控制方面，有很多技巧都是來自可增進健康飲食及運動的熟悉方法：例如說擬定何時、如何戒菸的「執行意圖」、到哪裡尋求「尼古丁替代療法」治療，以及如何使用「尼古丁替代療法」。特別重要的是，我們會鼓勵抽菸者去思考有哪些地點、哪些人，以及哪些例行事項會暗示他們抽菸，還有哪些狀況可能讓他們又回復抽菸。戒菸也跟其他壞習慣一樣，如果不用別的習慣代替抽菸習慣的話，要想戒菸會是件困難的事。

運用執行意圖戒菸

這項精心策劃的過程，可以從一項研究「『執行意圖』對抽菸者有何效應」的實驗中看到。研究人員給予有志於戒菸的實驗者一張清單，裡面列了二十個會讓人想要抽菸的狀況，這些狀況包括早上剛起床時、或是出現情緒危機等等。接著參與實驗者也拿到另一張列出二十個潛在行動的清單。重點就是要他們把危險狀況與除了抽菸以外的另一種行動聯結起來。比方說，「『如果』我起床時很想抽菸，我『就會』記得我每次想到抽菸問題時就覺得心煩意亂。」

這項研究的結果是使用「執行意圖」的參加實驗者，會比對照組的人容易戒菸，而且比較可能會減少抽菸的次數。同樣地，「執行意圖」也成功地幫助青少年在一開始時就不要養成抽菸的習慣。根據英國國民保健署（NHS）的研究，專注於改變例行事項的方法，就是戒菸最有效的方式之一。

還有一個可能幫助人們戒菸的方法是，在許多國家已執行公共場所不准抽菸的政策。雖然這個政策主要是保護不抽菸的人免受二手菸的危害，但是這也變成測試環境改變會如何影響習慣的良好測驗。如果吸菸是一種被情境暗示的習慣——就像是在酒吧跟朋友喝酒、或是在一個餐廳剛吃完餐點——那麼把抽菸變成不合法應該就可以遏止抽菸惡習。

在英國，有證據顯示在二〇〇七到二〇〇八年的抽菸比率，比任何之前的年份都要來得下降許多。英國的研究學者也在禁令頒布之前與之後，到小酒館去數有多少人在裡面抽菸，以及追蹤有多少人在禁令頒布後開始戒菸。他們的研究發現有百分之十五的人戒了菸，相對於平均只有約百分之二到百分之三的成功戒菸比率，這個數字算是相當高。但是這個百分之十五的數字，必須要把人們常常會故態復萌的狀況考慮進去。不管怎麼說，其他國家的研究發現如果禁止在工作場所吸菸，也會出現相同的有益效應。德國的研究則發現禁令愈嚴格——換句話說，就是禁止人們吸菸的場所愈多——抽菸的比率就降得愈低。

• • •

不管是要吃得比較健康、做一點運動、或是戒菸，很明顯地，要建立起健康習慣非常困難。只有少數人能成功改變的事實就很清楚地說明這一點。但是有那麼多人沒辦法成功的部分原因就是，因為他們不知道到底習慣的力量會如何控制他們的行為。我們很容易就忽略了情境上的暗示，而且人們很自然地會拒絕承認他們無法完全控制自己。但是研究健康習慣的心理學理論顯示，**如果我們能了解、並且運用習慣那種不知不覺、自動化的特性，就可以幫助我們做出改變**。

建立健康習慣應該就像探索的旅程，而一切都在於發現你到底已經在做什麼，以及找到比較實際的適當改變。改變飲食習慣的重點就是注意到你在什麼時候、或什麼情況下所吃的食物，然後做出可以永續的微小調整。改變運動習慣則是要在你一天的時間中找出一個空檔，並且處理那些不可避免、必須面對的心理障礙。戒菸不只是要去除化學性的上癮問題，它還是一種鑑識分析、告訴你有哪些情況會導致你點燃香菸，以及你應該用什麼行為代替抽菸。「改變」需要做出承諾，這也就是為何思考上的對照練習，可以有效地幫助你釐清目標。

個人改變的真正目的，就是要讓我們向神奇療法及快速解決之道說「不」，並且採取長期的策略。改變習慣不是一場「短跑」，而是「馬拉松」。正確的心態就是在明天醒來時，除了一個小小的改變之外，你幾乎還是同一個人——你可以每天重複這個小改變，一直到你不再注意到它為止。這個時候，就是你再計畫另一個微小改變的時機……。

12

THE CREATIVE HABIT
創新的習慣：絕對能派上用場的思考法

創意是很奧妙、令人無法解釋的。當你隨便問一位科學家、藝術家、作家，或是其他領域具有高度創意的人才，來解釋他們為何會有那麼卓越的想法時，如果他們很誠實的話，他們會說自己也不是很清楚。但是多年以來，他們已經習慣被問到這類的問題，於是其中有些人會給你一個演練多次的回答，但是這個回答可能與事實沒有那麼大的關係，反而比較像是一種具有藝術性質的答案，以滿足觀眾的期待。

美國詩人及學者布魯斯特．基斯林（Brewster Ghiselin）在一九五二年出版了一本書叫做《創作的過程》（*The Creative Process*）。在書中，他問到才華洋溢者如愛因斯坦、梵谷、畢卡索，為什麼會那麼具有創新思維或是藝術創意。**他的結論是一個人要強迫自己在有**

知覺狀態下提出創新意見是很罕見的。

相反地，最具真知灼見的想法似乎都是從潛意識中出現、而且不需經過任何純意識思考推測的過程。比方說詩人威廉·布萊克（William Blake）就說過，他所描述的意象都是他在腦中看見的影像，而莫札特也說他只是把他聽到的旋律寫下來。我們也從當代作家、藝術家、以及其他創意人得到相同令人洩氣的答案：他們都不知道自己的想法是從何而來。

心理學家則是用不同的方法來處理如何變得有創意的問題。與其直接詢問民眾，他們先仔細研究了創意的心理條件。心理學家先問在哪種情況下，人們覺得自己最有創意。他們稍微改了一下情境、測量出結果，因此在過去幾十年來，就出現幾百個這類的研究。根據這些研究，他們得出一個模式，其內容就是哪些心理狀況與強大創意的相關性最高。最後的結果就是，這些出現創意的情況，跟習慣出現了重要的關聯。

• • •

「兩條繩子的問題」創意測驗

八十年前發明的一個簡單創意測驗，我們可以一窺習慣與創意如何互動。這個測驗就叫做「兩條繩子的問題」。參加實驗者先被帶到一個房間，裡面的天花板垂下了兩條繩子。其中一條繩子在房間的中央，另一條繩子則是靠近牆壁。實驗者被告知他們的目標就是想辦法把兩條繩子綁在一起，但是他們很快就發現有個問題——就算他們手中握著一條繩子，他們必須得放棄手中這條繩子，才能搆到另一條繩子。為了幫助參加實驗者達到目標，他們可以使用房間裡面所有的物件，這些物件包括桌子、竿子、椅子、夾鉗、鉗子等等。實驗者的其中一個解決之道就是把鉗子先綁在一條繩子上，之後他們把鉗子甩出去，讓繩子開始來回擺盪，接著他們抓住另一條繩子，等著鉗子盪回到他們可以抓到的範圍。

這是一個很棒的解決方法，但是因為我們慣有的知識，讓我們很難想到這個方法。鉗子是用來夾牢或用來剪斷東西的工具，而不是當作擺垂。**想要用創意解決這個問題，我們的想法必須超越物件慣見的作用以及看法**，而想到鉗子可以當作擺垂使用，就是一個被習慣箝制的創新解決方法。

這個謎題在兩方面與真實世界的問題很類似。首先，參加實驗者沒有很合適的工具來解決這個問題，這一點就跟我們的生活一樣，你必須利用身邊僅有的東西來解決手上的問題。第二、解決方法不只一個。創新解決問題有兩個很重要的特質：將物件或看法套用在新的使用方法上，以及問題可以用不同的方式解決。

為何沒創意？受制於習慣性想法

讓我們用一個比較現代、網路時代的例子，來解釋習慣如何箝制創意。以前，但不是太久以前，人們以為網際網路就像一個大型、虛擬的百科全書。當你要在百科全書找資料的時候，必須先查看索引。因此很自然地，有些人就覺得網路需要的就是一個索引，也就是把網路內容分類列出。結果有大量的金錢與時間就花費在建立這些索引，因為他們認為人們透過尋找一層一層的資料，就可以找到他們想要找的東西。

時至今日，雖然人們還在使用索引，但是它已經瀕臨絕種，這是因為網際網路根本不像一本書；它是一個很新、很不同的東西。「搜尋」的崛起，以及掌控「搜尋」的公司如「谷歌（Google）」，變得好像本來就應該存在，因為它已經成為我們非常熟悉的工具。「搜尋」是一種快速、簡單，以及有效的尋找資訊方式，因此像「雅虎（Yahoo!）」還只是一個品牌名稱，而「谷歌」已經晉升到下一個階段：它已經變成了搜尋的動詞。

讓「雅虎」（以及其他公司）停滯不前的不是因為它們缺乏知識——從以前到現在，這些公司都是人才濟濟，其癥結在於它們對書本的理解。就跟參加「兩條繩子的問題」實驗的民眾一樣，它們都受制於習慣性想法。類似的原則也可以應用在其他的創意領域：電影導演會一直重複製作類似的電影（大體上來說）、作家會出版類似的書、攝影師會拍攝類似的照片、作曲家會寫出類似的作品等等。他們會這麼做的原因是因為他們差別不大的作品會暢銷，以及差別不大的作品比較容易生產，因為他們已經習慣這種創作模式。

有時專家會受限於舊思維，障礙創意

雖然在創意方面，專業的益處顯而易見——例如比較多的經驗、知識，以及技術——這個問題卻不是這麼簡單。早期格式塔學派（Gestalt）心理學家的口號就是「整體大於其部分的總和」，他們認為知識會成為解決「頓悟式問題」的阻礙，並指出專家沒有能力從慣有的思維模式中跳脫。**當新的問題以舊有問題的模式出現時，專家會是有用處的，但是如果不是這樣的話，專家反而會成為障礙**。當你手上拿著槌子時，每個東西都看起來像個釘子。這種對事物的一貫思維經常會發生，其原因是**專家在解決問題時，一開始**

就會用他熟悉的解決方法，而他後續的處理方式反而讓他卡在相同的思維習慣裡。有非常多的研究指出，專業知識無法滲透到相關領域，甚至在工作上需要專家忽視自己所學的時候，專業知識反而會阻礙專家的表現。

匹茲堡大學的珍妮佛．維立（Jennifer Wiley）所領導的研究，就是一個非常好的示範。這個實驗的內容是讓人們試著找到單字遊戲中的答案。參加實驗者會被給予一些英文單字如「fly（飛）」、「boy（男孩）」、或「bearing（舉止）」，然後問他們可以在這個字的前面或後面加一個字，以創造出三個新的單字或片語。以這一題來說，它的答案是「ball（球）」。整個單字遊戲的答案是與棒球主題相關。參加實驗者會被給予線索、暗示他們的答案跟棒球有關，但其中的轉折就是有時候答案會跟棒球無關。相對於對棒球不太了解的人來說，對棒球有高度了解的人，誤導的線索對他們來說是有害無益的。最後的結果與大家的預料完全相反，那些對棒球有較多知識的人，反而在這個測驗中表現較差。會有這個情況出現的原因就是他們的知識反而變成阻礙。有棒球專業知識的實驗者，在第一時間回答時就已經帶有偏見，但是有時這個答案根本跟棒球無關。

專家想在其他領域表現其創造力的時候，也可能發生相同的狀況。當創意人累積了經驗、在技術上變得比較有成就，他們的習慣性思維以及工作習慣比較容易使他們畫地自限。有一個絕佳的例子，來自於日本學者研究一位以水墨作畫多年的中國水墨大師。

非藝術家的普通人被要求在大師作畫之前，先在紙上隨便做一些記號。被民眾做過記號的畫在完成之後，就被拿去與大師沒有被民眾碰過、自行完成的作品比較。就算大師有過人的才華及技巧，在用那些記號作畫的時候，他反而創造出更活潑的新風格。那些隨意畫出的線條，似乎讓大師的思緒轉向全新的方向。隨機性可能無法使用在每一種創意的表現，但是這個故事對創造力所提出的教訓是很常見的。練習可以磨練出完美的技巧，但是重複的練習會讓我們做出相同的事物。

以上的說法不是說我們不應該練習自己的專才——我們當然要磨練我們的專業知識。大部分非常具有創意的人才在其領域都是專家。那位水墨畫家如果沒有純熟技術的話，就不可能創造出如此美麗的畫作；愛因斯坦如果不了解數學，他也無法重新塑造出新的物理學理論。如果沒有現有的知識作為基礎，我們幾乎不可能以創新的腳步向前大步邁進。**創意讓我們可以把新問題與舊問題比較、讓問題可以更有效率的建構，而且可以幫助我們識別適當的創新解決方法**。除此之外，專家很典型的會用比較抽象的角度來看待問題，我們等一下就會發現這是一個非常有效的小技巧。

每個創意領域對於創新的建議都是一樣：讓自己充滿知識、繼續磨練其專業的技巧與習慣。對想要寫作的人來說，他們的第一課就是要大量閱讀。想當然爾，如果你對宇宙論沒有什麼概念的話，你要當一位有創意的宇宙論者會是很困難的；或者是你根本沒有拿起過畫筆，要你畫一棵像樣的樹，恐怕也是強人所難。這些都要看你特殊的創意領域而定，但是在你變得有創意之前，通常你必須先要培養一些習慣，或對某些知識有所涉獵。

根據一些研究顯示，我們必須知道專業會有它的盲點、死角，以及其經驗無法到達、或是未被探索的領域。大家都知道專業的重要，但是很少有人發覺專業知識以及相關習慣會箝制創意。專家最大的危險就是他們功能性的一貫認知，而且對其身陷固有思維而不自覺。

這就讓我們不得不思索一個問題：專家及非專家要如何從習慣性思維跳脫、來探索一個嶄新的世界？

・・・

如果你想看到快如閃電的創意，有個考驗來賓臨場表現的電視節目叫做〈到底是誰的台詞？〉（*Whose Line Is It Anyway?*）」會是個不錯的開始。這個節目的形式很簡單：職業的即興表演者會根據現場觀眾的建議當場編出好笑的橋段。表演者必須在其臨場表演中整合不同的事件、風格，以及情感，而最後的效果通常是讓人笑到不行。這個節目必須仰賴表演者具有喜感、天馬行空想像力的創造技巧，但是如果沒有觀眾很明顯的微小幫助，這個節目也不會成功。如果沒有觀眾的隨機建議，這個節目根本無法維持，而這一點就幫助揭露出創意核心中很重要的一課。

其實，約束更能激發創意力

在一個新企畫案開始的時候，大部分的人都體驗過不管怎麼努力，我們的腦中還是一片空白。以此類推，作家常常談到面對空白紙張、或是空白螢幕上閃爍游標時的恐怖。那是因為當所有事情都有可能、所有事情都可以被做到的時候，有時候會變成什麼事都不可能、什麼事都做不成的情況。把這種狀態與你手上有一張確定、詳實工作事項的時候比較一下。在後者的情況中，一旦你完成了工作，你就可以在晚上的時候放鬆一下，回想那些做得非常成功的案子。問題就是那些需要創意的企畫案，很少有明確或詳實的計畫可以遵循，相反地，它們差不多就跟要抓取天上的彩虹一樣困難。

因為我們都認為創造力就是毫不受制的思維，於是我們就讓思想自由流動，結果它很快地就飄走、打盹去了。**不同於我們的直覺想法，心理學家發現在正確的狀況下，如果用約束的方法，想像力反而可以提升**。在一項早期的研究中，參加實驗者被分成三組，每一組要從一套原料中想出一個發明。第一組的組員收到了一張清單，上面列出不同種類的東西如「車輛」、「玩具」、「器具」，而第二組的組員則是收到明確的零件如環、輪胎，以及管子的清單；第三組的組員則是可以用前面兩組的零件以及種類的清單。結果就是這個選項最多的第三組，反而最沒有創造力。「約束」似乎可以在創意過程中提供幫助，而且更嚴格的限制可以讓我們變得更有創意。

我們比較不會去注意到底有多少創意的工作，是在「約束」的條件下受益，其原因是因為「約束」早已存在，但是我們對它視而不見。比方說，幾乎所有的流行音樂都是4/4拍，每小節有四拍，而且重音通常落在第一拍。另外每一首樂曲的長度約是三分鐘到四分鐘，而每首曲子會出現合唱等等元素。這些還只是眾多約束的幾個項目，但是請看看它們可以創造出多少的變化。許多歌曲破壞了這些規則，但是這些歌曲能達到預期效果的原因，是因為它們在一開始時就有規則可破。畫家、作家、藝術家等等都多多少少會受到以前風格的影響，而就是這些過往的風格提供了約束的力量。我們為自己設下的限制，可能會成為創造出最佳作品的種子。

進階約束：想像一個完全不同的世界

心理學家發現有些最有生產力的「約束」——那些讓我們拋開習慣性思考模式的——就是「想像一個完全不同的世界」，也就是提出「假設……會變得怎麼樣呢？」的問題。比方說，假設我們廢止錢的使用，那會變得怎麼樣呢？或是假設我們把網際網路關閉，那會變得怎麼樣呢？又或是假設由心理學家來統治世界，那會變得怎麼樣呢？雖然這些問題好像很無稽，當你的思緒被挑動時，就會出現一些很有意思的新觀點。

「假設……會變得怎麼樣呢？」這類的問題，或是「與事實相反的陳述」，可以幫助我們跳脫習慣性思維。俄亥俄大學的基斯．馬克曼（Keith Markman）在一系列的實驗中，就研究了「與事實相反」的思考。從實驗中他們發現了「累加心態」與「削減心態」的明顯分別。**「累加心態」注重於在情境中加上某個元素**，比方說，你碰到下雨，結果全身都濕了，你可能覺得如果你有雨傘就好了。**「削減心態」則是把某個元素剔除**，在這個例子中，你可能會想到如果沒下雨該有多好。

也許你會覺得這個差別不大，但是在三個實驗的研究中都發現這兩種想法會造成不同的思考模式。**「累加心態」會鼓勵人們以比較寬廣的角度思考、讓他們出現更多的想法。另一方面，「削減心態」則是會讓人思路變得狹窄、比較善於分析、把想法專注在**

問題元件之間的關係。這兩種風格在不同的階段對創意十分重要。有時候在尋找新元件及聯結性的時候，我們必須要有比較開闊的想法，但是在其他時候，特別是在後期，就要注意到如何把這些元件結合，以創造出一個有效的解決辦法。

創意需時間醞釀：花時間分析與建構問題

——

讓我們回到「到底是誰的台詞？」這個電視節目。大家很容易的就可以看見節目形式如何運用「約束」的元素，以及「假設……會變得怎麼樣呢？」的問題，讓表演的來賓打破其舊有的習慣。但是節目有個缺點，這些來賓缺乏時間想到更好的表演方式。我們會對他們所創造出的喜感效果捧腹大笑的原因之一是，因為我們知道剛才的表演是現場臨時編的。我們對經過編排的喜劇效果會懷有比較高的標準。對困難問題的創意解決方式需要時間孕育構思，而這一點也為心理學家所認同。很不幸地，我們的第一個直覺就是遵循以前的舊路：再一次地使用習慣性思維。這個做法有時是個錯誤。

在雅各．蓋哲思（Jacob W. Getzels）以及米哈里．奇克森米海伊（Mihaly Csikszentmihalyi）所進行的一個「創意準備」經典研究中，藝術系的學生被要求畫一幅靜物畫，之後這幅畫會由專家做出評估。這項研究發現被認為畫得最好的學生，是那些花最長時間準備的學生

——他們會先對要畫的物品進行思考，以及他們要如何利用這個物品。當米哈里．奇克森米海伊在七年及十八年後，再找到這同一批人時，他發現就是這些認清問題的方法以及建構方式，可以預測藝術家長遠的成就。甚至在十八年後，花比較長時間建構問題的藝術家，會在藝術成就上的表現比較成功。這個研究以及其他的發現，不但說明「約束」對創意過程會有助益，我們還需要給自己時間先分析問題。

很不幸地，解決創意問題的一大誘因，就是在一開始我們會馬上用習慣的回應解決問題。問題建構的感覺好像在浪費時間，但是它可能是創意過程中最重要的一部分。在早期所做的決定會在後期造成很大的影響。**這也就是為什麼在全心投入之前，你花愈多時間思考問題，你的最後產品就愈有可能含有較高程度的創意。**就像那些被要求畫靜物畫的藝術系學生一樣，當選擇幾乎是無限的時候，我們需要時間仔細思考各種可能，而且如果我們花時間考慮的話，我們可能會比較成功。只有傻瓜會毫無考慮地投入，而那些比較有創意的人會勇於懼怕。

•••

反面的力量如何激發創意？

——

反面的力量有點神奇。亞伯特．羅森柏格（Albert Rothenberg）是第一位證明「創意」與「產生反義字彙能力」有關的心理學家。在一九八〇年代，他請二十二位諾貝爾科學獎得主做了「相關字」的測驗。相較於一群對照組的學生，這些諾貝爾獎得主比他們創造出更多的反義字如「黑暗與光明」、「勇敢與怯懦」。同樣地，在學生族群裡，那些被認為有高度創意的學生，也比被認為較沒創意的學生創造出較多的反義字。羅森柏格認為這個結果顯示了創意的重要事實，且能繼續深入地探索。

羅森柏格用超過兩千五百個小時的時間，訪問了三百七十五位在科學、文學、及藝術界的創意人士，希望能發現創意過程的關鍵。當他在一九九六年發表他的調查結果時，羅森柏格將他主要的發現命名為「雅努斯（Janus）」——古羅馬的兩面神。「雅努斯」的半身像及外型很容易辨識，因為他常常以後腦相貼、面向相反方向的兩張臉孔出現。如果有「好的創意習慣」這回事，那麼「雅努斯」就是它最好的代言人。

雅努斯式思考有助創意

就像面對兩個不同方向的「雅努斯」半身像一樣，「**雅努斯式思考」談到的就是在腦中想到相反觀點的能力**。而「雅努斯式思考」，就讓亞伯特·愛因斯坦發現了他聞名的廣義相對論。在一次的思考實驗中，愛因斯坦想像一個人從一棟房子中摔下來，但在同時，有一個小石子從他的口袋中掉出來。他了解到那個人掉下來的時候，小石子在相較之下是屬於靜止的狀態。當那個人瞪著那顆小石子看、思緒完全將急速接近人行道，以及在耳邊呼嘯而過的風聲完全摒除於外時（這畢竟只是一個思考實驗），在理論上來講，此時他可以自認處於靜止不動的狀態。但是這是一個荒謬的矛盾之談：怎麼可能有人可以在移動的同時又可以靜止不動？不管怎麼說，就是這個矛盾的影像，讓愛因斯坦在現代物理學得到了最重要的突破：他發現地心引力如何作用。

羅森柏格發現這個創意習慣，一次又一次地出現在各種需要創意的領域。為了達到突破，創新者很典型地會經過四個階段。在一開始時，他們會出現很強烈的創造意願：如果沒有這個意願的話，就算有新的意見也很難被完成。接下來，想要解除慣有思維，必須要有「矛盾意見」、或「相反意見」的概念，而這種概念就像是磁鐵的兩極一樣。第三、必須了解兩極化的意見是可以被整合的。第四、創新意見的整體建構。

用類比法整合矛盾概念

假設你已有創新的動力，則任何創意目標的第一個問題就是要先想出概念，並且加以結合。心理學家發現「類比法」是設想出正反兩面概念的好方法之一；但不幸的是，好的「類比法」並非隨手可得。請回想在愛因斯坦的想像意象中，有一個人從屋頂上掉下來；似乎你聽到這個概念就覺得它很簡單，但是如果你設身處地地把愛因斯坦當時所面對的極度複雜問題列入考慮，我們不得不讚嘆它是一個神來之筆。

關鍵就是假設問題的方式，必須讓「類比法」比較容易辨識。在一項研究中，參加實驗者被要求閱讀小說人物或對象的行為，接著在他們之間找尋相似之處。但是他們收到的資料會以不同的形式出現：有時候所描述的對象是很籠統的，但有時候卻是很明確的。比方說，一隻馬可以被形容為已被馴服、奇蹄目的哺乳動物（明確），或者是很簡單的草食動物（籠統）。研究人員發現如果問題以比較寬鬆、籠統的方式描述，就會出現比較好的類比結果：在一些測試中，參與實驗者挑出相似度的比率居然超過百分之百。因此要鼓勵類比思考的方法之一，就是要把問題重新用比較籠統、抽象的型式呈現。這個研究只是一系列研究中、說明問題背後結構有多重要的一個例子。專注於問題，而不是它的具體細節，更容易避免思維落於習慣性想法的窠臼，並且跳過類比的鴻溝，考慮到其他種類的問題，以創造出創新解決之道。

想進一步深入了解問題的有效方式之一，就是把針對問題的詞句，改成比較籠統的字眼。另一個心理學研究的使用方法就是，從問題切出具體概念。一旦去除表面細節，問題的深層結構會變得比較明顯，這樣一來，使用類比法會變得比較可為。當我們把思緒拉遠時，可以降低池塘中墊腳石之間的距離，而這些墊腳石靠得愈近，我們就更容易到達池塘的另一邊。

這些方法在現實生活中也一樣有用。企業所面對的一個問題，就是使用習慣性思維模式，只會創造出與其他廠商相同的銷售產品。奧利佛．加斯曼（Oliver Gassman）及馬可．塞斯基（Marco Zeschky）就在一份探討四家工程公司的突破研究中，檢視了類比論證在企業的使用問題。這些公司製造各種的產品，其項目包括從滑雪板、縫紉機、活門（閥），到汽車安全系統的零件等等。每家公司都千方百計的想用自家的產品來克服各種技術問題。比方說，在某些速度下，滑雪板製造商所生產的滑雪板會出現震動的問題。很不幸地，這個公司想不出一個適合的對策。

這個問題一直得不到解決，直到他們的大腦開始搜尋三個非常籠統的字眼——「阻尼」、「減震」、「震動」，再加上一個頻率範圍，他們方才恍然大悟、找到了解決方式。他們的解答來自一位發明家，他找到了一種方式，可以讓弓弦樂器在演奏時發出較為優美的樂音。突然之間，這些工程師看到了小提琴弓與滑雪板的關聯。他們的解決之道就是在板上多加一層薄膜，而現在幾乎所有滑雪板都使用這種方式以降低震動。

其他三家公司雖然分屬不同產業，它們也用相似的類比過程來處理各自的問題。要得到最佳的解決方法，就是把問題用最抽象的方式將它抽離、重新呈現。這樣一來，我們就比較容易看見這個問題與其他已解決難題之間的關聯。同時，這個方式也會使得習慣性解決方式不那麼顯著。再一次地，抽象方式會把下一塊墊腳石送到可以讓我們踩得到的距離，將本來遙遠的類比拉近，讓我們更容易看清楚問題相似之處。

• • •

一個有抽象思考力的人比實際的人更有創意？

現在請讓你的思緒專注在「愛」上。想想看「愛」對你的意義、它給你帶來哪些相關的想法，以及你對「愛」的感覺。如果你覺得用文字表達「愛」的意義很簡單的話，我會感到很訝異，這一定會比形容「性」要來得困難多了。形容「愛」困難的原因，是因為它跟「希望」、「道德」一樣很抽象、讓我們很難想像。但是「性」則相反，它很具體，而且很容易想像。心理學家發現抽象與具體概念之間的分別，對於脫離習慣性思考是至關重要的。

一個研究就利用「愛」與「性」的概念來探索創造力的根源。他們想知道是否一個具有比較抽象思想的人，會比一個比較實在、注意細節的人要來得有創造力。為了測試這個想法，他們把六十位參加實驗者分成三組，一組想著「愛」、一組想著「性」、最後一組則是兩者都不想（對照組）。接著他們都收到一些需要用創新想法解決的問題，以及一般可用已知的分析方法來解決的問題。

最後結果顯示想著「愛」的組員在需要創意的問題上，表現得要比對照組理想。另一方面來說，想著「性」的組員在需要創意的問題上，表現得要比對照組差。但是在分析思考的問題上，結果則是完全相反。那些想著「性」的人比較會分析，而想著「愛」的人則表現較差。雖然「性」和「愛」相當引人遐思，（這個實驗的結果不只關乎「性」與「愛」），但它們是深層結構的例子：也就是抽象與具體思考之間的平衡。

遠距離思考，更容易引發創見

這個平衡也可能被我們如何思考時間的概念所影響。當我們思考未來時，往往會較偏向於抽象思考，而感覺上時間比較接近現代的事物，會想的比較具體。比方說，如果你明天要遠行，你的思維會專注在你是否已經把行李裝好、票是否已經拿到、並且策畫你的路線。另一方面來說，如果你計畫在六個月之後旅行，你的思緒會漫遊在比較抽象的概念中，例如目的地的歷史、文化，以及美食。距離現在比較遠的時間，會比較容易啟發你的思考過程，讓思路朝向更寬廣的可能。

在測試這個想法的六個實驗中，人們對時間的概念是被操縱的。他們給予參加實驗者一些需要創意才能完成的工作，但是要「距離現在時間很遠／抽象」小組先想像這些工作在一年以後完成就可以；而另外的「距離現在時間很近／具體」小組則要想像明天就要完成這些工作。如同研究人員預期的一樣，把思緒推往遙遠、抽象未來的組員，在這些工作上的表現大放異彩，而且遠遠超過那些卡在近期、具體世界的另一組成員。其中有一個實驗顯示出參加實驗者甚至不需要想像他們要在未來完成這些工作；他們只需要想像自己一年後的生活，就可以達到相同的目的。

但是就像之前的研究談到對「愛」的概念一樣，抽象思維的缺點就是會讓人們降低對分析解決問題的表現。如果「距離現在時間很遠」的想法可以啟動人們的抽象思維，也許「遠距空間」也可以達到相同的結果。有一項研究要求參加實驗者試著完成一個需要創意的工作，其中有些人被告知這項實驗是由當地的一個美國大學所設計的，另外一些人被告知這項實驗是由希臘所設計的。令人匪夷所思的是這樣的說法就足以暗示、啟發抽象思維：被告知這項實驗是由希臘設計的參與實驗者，出現了比較具有創意的觀點——**「以遠方距離思考」可以帶出比較流暢、有彈性以及原創的意見**。

如果在面對一個創意問題，而你身陷於舊有窠臼之中，而且繼續使用慣有途徑思考，那麼這些研究就為你提供了一個解決方案。**不管是使用空間或時間上的距離，主要的關鍵就是要引發出精神上的距離，讓自己進入一個抽象思維空間，以遠離已養成的陳年舊習**。當人們尋找問題解答卻一無所獲時，他們常會說自己是「當局者迷」。**對創意來說，你的距離愈遠，你的視野愈是開闊**。最起碼在思考過程剛開始的時候，全新的意見以及原創力是最關鍵的，到了比較後面的時候，才讓不同種類的思維加入整合。

• • •

——發現苯結構的創意故事

在一八六五年，德國化學家奧古斯特·凱庫勒（August Kekulé）發表了有關苯結構的論文，讓他的科學研究有了重大的突破，苯結構的問題曾經困擾許多早期有機化學家幾十年之久。他之後形容這個創見是如何發現的，當時他已經停止工作、將他的椅子轉向面對壁爐的火，然後開始胡思亂想。在他半睡半醒之間，許多原子開始在他腦海中舞動。這種情形經常發生在他似睡非睡的狀態之下，但是這一次，這些原子的譜線看起來像是蛇群，突然之間，其中一條蛇捲曲起來，用嘴咬住自己的尾巴。當他清醒過來時，他了解到這個夢告訴他的就是苯是由六個碳原子組成一個六元環的環狀結構。這也是現在的一個大型研究領域的基礎發現：環化合物化學。

雖然凱庫勒從夢中得到啟示的說法令人質疑，但是這個創意故事頌揚的是漫不經心的思緒，並且凸顯出心理學家在許多研究中發現的事實：「天馬行空式的想像」常常與「俱增的創造力」產生關聯。這種理論，也符合抽象思考有益，以及絕佳點子是來自上述兩種不同概念結合的說法。因為我們的思緒從舊有想法中飄離，所以比較有可能進入全新觀點的境界，因此當我們試著把它們結合在一起時，成功的機率就會比較高。

以小孩子的心態思考，讓你更有創意

最具想像、令人發噱、創新的想法莫過於小孩子想到的點子。如果你注意看過小孩子玩耍，你會發現他們可以隨便拿件物品、就可以把它想像成另外一種東西。盒子可以變成屋子、坑道、或樹，紅蘿蔔可以變成太空船，而你最喜愛的鞋子會變成花盆。他們還沒有發展出會限制想像力的思考習慣，所以所有的東西都不屬於任何特定種類。這種情況的結果是孩子們可以不受限於大人常常碰到的約束與擔憂，而且他們天生就有「與現實相反」、「假設……會變得怎麼樣呢？」的情境應對能力。因此毫不意外地，在根本不了解所謂「創意」的情況下，孩子們可以表現出令人讚嘆的創造力。

那麼如果人們想要有創意地解決問題，我們是否應該鼓勵他們以七歲小孩的思路思考？按照這個邏輯，有些研究學者在給予創意測驗之前，就先激發半數參與實驗者以七歲小孩的思緒思考。「激發」是心理學家喜愛使用的一個技巧，其用意是想在人們不知不覺的狀態下，讓他們產生完全不同的心態。比方說，當我們聞到剛出爐的麵包，我們的思維就會自動想到中飯。但是在這個研究中，參與實驗者被要求寫下如果他們可以放一天假，他們最想做什麼。但是只有半數的參與實驗者被要求以七歲小孩的心態書寫。實驗結果顯示，那些被激發以七歲小孩心態思考的成人，在創意測驗中所得的分數，要比那些沒有以這種心態思考的成人高。這個研究告訴我們簡單如想像自己以小孩的心態思考，就有力量可以增加我們對任何經驗持有開放的玩心，以此類推，這也可以增強我們的創造力。

有創意的人，思考能收能放

就算是持有玩笑性質、漫不經心的注意力可以刺激創造力，控制注意力也是非常重要的。這個原因很簡單，就如同湯馬斯・愛迪生（Thomas Edison）所說的名句：「天才是靠百分之十的靈感，百分之九十的努力。」孩子們通常缺乏「控制注意力」的能力，這也是為什麼他們無法在創意產業中領導我們的原因。**沒有分析、評估、以及毅力，想要完成創意工作幾乎是不可能的。**這種說法是有其根據的，因為**心理學家發現「能夠專注於問題」與「高度創意」之間有關聯。我們必須能夠看出哪些解決方案有希望可以成功解決問題，以及知道如何把想法轉換成現實。**凱庫勒的蛇夢以及愛因斯坦從屋頂掉下來的人都是很吸引人的意象，但是如果沒有後續勤勉、專注的研究工作來發展這些乍現的靈光，它們僅僅也只是驚鴻一瞥的意象。

這樣一來，心理學家似乎在創造力的核心問題上，面對了一個明顯的矛盾狀況。一方面來說，那些保有神遊、缺乏專注、具有如孩子般思維的人似乎比較有創意，但另一方面來說，似乎有分析的頭腦以及應用的能力比較重要。這個難題的答案就是**有創意的人，必須同時具有胡思亂想以及加以控制的思維**，而這兩種思維出現的時機，則要看你處於何種階段。研究科學家創意的實驗顯示他們在一開始時會用好玩的心態、大範圍的探索各種想法，但是一旦問題被定義清楚之後，他們就會專注於最有用的概念，並把其他想法去除。**創造力的關鍵就是能在「開放、有趣想法」與「狹隘、分析心態」之間做轉換**。

有一項研究就檢視了在分析問題時，能在不同方法之間轉換的能力。在此研究中，參與實驗者接受了創造力與變通想法的測驗。那些在創意測驗中得到比較高分數的人，也表現出比較有變通的想法。那些在創意測驗中得到低分的人，雖然他們也可以在不同想法之間轉換，但是跟那些測出具有高度創意的人比較起來，他們的轉換速度顯得比較緩慢。雖然這個發現是比較近期的，心理學家在其他實驗室不同的測驗中，發現測驗的結果也指向相同的方向。在此，相同的模式重複出現了：比較有創意的人，覺得在不同策略中轉換是比較容易的。

這樣說來，**專注力的創新習慣，其定義就是在「有趣、天馬行空式想法」與「專注、高度分析心態」之間找到平衡**。但是不是每個人都很幸運地有變通的思維。有些人在決斷、專注於事物核心方面，表現出過人的能力，但是卻發現自己無法抱持嬉鬧的玩心。有些人則是一直都抱持著玩心，但是卻覺得要評估、執行自己的想法很困難。你可能知道你屬於哪一種人，而且應該在哪一方面要做出改進。

許多歷史上具有創意的天才都知道自己的弱點，並且想辦法改進。他們的弱點常常就是「分心」。查爾斯．達爾文（Charles Darwin）最惡名昭彰的就是他要求獨處，而且必須在完全孤立的狀態下工作。小說家馬塞爾．普魯斯特（Marcel Proust）則要求在臥房牆壁上貼滿軟木貼片，哲學家亞瑟．叔本華（Arthur Schopenhauer）說他就像其他英才一樣，他需要安靜才能避免思緒被打斷。所以說如果你應該在分析問題細節的時候，卻發現自己胡思思想，別擔心，你就跟其他人一樣。你只要記得這些天才必須得找到一個方式來平衡他們幽默及善於分析的個性，才能發展出一個真正創新的習慣。

HAPPY HABITS 13

快樂的習慣：延長你的快樂感受

在動畫節目〈辛普森家庭〉（*The Simpsons*）有一集講到巴特突然出現預感、知道他以後會過著哪種生活（注3）。於是他早上一醒來就嘆道：「星期一，又來了。」吃早餐的時候，他的父親荷馬貪婪地喝著柳橙汁，而巴特看起來很無聊。在校車上，他的妹妹麗莎吹著薩克斯風，巴特還是一臉無聊。在學校，有人用吹箭向巴特的後腦勺發射了一顆豌豆，巴特的臉還是無精打采。在回家的路上，雖然他被幾個惡霸在後追逐，巴特還是一臉無聊地向前跑。回到家之後，他坐下來看電視，臉上還是掛著無聊的表情。

當巴特還在想著生活就是無聊、一成不變的重複活動時，他突然看到電視出現了精彩刺激的遊輪之旅廣告。在巴特說服他的父母參加這趟旅遊之後，家裡所有成員都覺得這是他們生命中最快樂的時光，於是他們享受著郵輪提供的新環境以及活動所帶來的快樂。但是很快地，巴特了解到郵輪之旅將會結束，而他又會回到原本無聊、一再重複的生活，過著每天所必須經歷的必要事件以及毫不刺激的活動。節目最後是由巴特的妹妹麗莎給予巴特一席安慰的話作為結束。她告訴巴特：沒錯，生活會是無聊、一再的重複日子，而且真正快樂的時光經常是稀少、很久才會出現一次。但是當美好時光真的來臨的時候，我們必須盡情地享受每一刻。

從伊比鳩魯的「快樂主義」反思快樂

麗莎的話聽起來很老套，因為這些話就跟山脈一樣的蒼老。希臘哲學家伊比鳩魯（Epicurus）就很注重快樂，如果他可以看到這一集的「辛普森家庭」，他一定會非常高興，因為節目的旨意就符合他所教導的中心思想之一。伊比鳩魯是所謂的「享樂主義」哲學家，有時會受人誤會以為他支持高度沉溺於享樂，特別是在食物方面特別放縱。但是伊比鳩魯不但不會贊同巴特的快樂遊輪之旅，他還知道巴特的所作所為，最後只會帶來失望而已。事實上，伊比鳩魯的哲學是要人們過儉樸的生活，但是只要有機會可以享受小小的快樂，我們就要盡情享樂。他曾經說：「給我一杯普通的水及一條大麥麵包，我可以跟天神宙斯辯論誰最快樂。」甚至在他因腎結石痛苦地面對死亡時，他還寫信告訴朋友他是多麼珍惜他們的友誼，以及他對自己哲學上的冥思感到多麼快樂。對伊比鳩魯來說，快樂生活的目標與過著有道德的生活是密不可分的。

改變習慣的目標之一，就是讓自己更快樂。也許我們想改善工作習慣，讓自己在短時間內能多完成幾項工作，或者改善我們的社交生活，讓自己可以跟親朋好友得到多一點的相處時間。好習慣可以在許多層面上幫助我們，但是好習慣能帶給我們快樂嗎？伊比鳩魯和巴特．辛普森發現要了解哪些事物會給我們帶來快樂、或是要過著快樂的生活，絕對不是一件簡單的事。「如何」快樂的問題就是關鍵，因為很難說到底什麼東西可以給我們帶來快樂。但是我們對快樂習慣如何運作已經了解甚多，而這些知識絕對會讓伊比鳩魯感到滿意，而且就像巴特．辛普森一樣，我們知道為什麼在每日活動中要找到快樂是如此困難。

…

對於快樂的感受，我們忘得快也容易習慣

我們都想要快樂，但是有時候很難知道到底快樂從何而來，這實在是人生的一大悖論。部分原因是，因為我們基本上無法掌控自己約一半的整體快樂程度。日子一天天、一星期的如流水過去，我們的情緒也會出現上上下下的起伏，但是我們會傾向於回到相同的水平。就像身體與大腦在許多方面都是由基因控制，我們的整體快樂也有部分是基因造成。雖然這些基因的確會在某種程度上與環境互動，在日常生活的基礎上，這百分之五十的基因影響是很難撼動的。

剩下的百分之五十方面，其中約有百分之十，我們覺得快樂（或不快樂）似乎是由我們的自身狀況來決定：這些因素包括收入、教育、年齡、是否有結婚、住房以及背景。如果你考慮到環境通常會有多麼重要的時候，這個比例聽起來是渺小得可怕，比方說人們用長時間的工作來改善生活，給他們的孩子比較好的教育等等。雖然改善環境也許可以增進我們對生活的滿意度（我們是多麼理智的評估這一點），但相對之下，環境對我們感受如何的影響算是非常小的。這種說法可以解釋為什麼美國人的收入在過去五十年來增加了一倍，但是在整體快樂的指數上卻沒有增加。

造成這種情況的重要原因之一就是「習慣性」。人類十分擅長於適應環境，而我們

會以驚人的速度去適應好、或不好的環境。研究證明當我們將事件合理化的時候，有助於降低事件對我們情感上的衝擊。將發生在我們身上的事件合理化是一種自動反應，起碼某部分來說是不知不覺的。除此之外，還有一個解釋是我們會對新環境產生習慣，而執行這些習慣會變成不知不覺的舉動。我們會停止注意、享受環境正面改變之後所帶給我們的快樂，因為這些改變已經融入我們自動性的例行事務之中。

一項早期的研究就暗示了這項理論。在這項研究中，研究人員將贏得百萬樂透獎金的人，與他們較為不那麼幸運的鄰居們一起比較。在贏得樂透獎金六個月之後，這些獎金得主評估自己的快樂程度居然與贏得樂透之前差不多。他們似乎已經習慣了他們所處的境況，而且在許多層面來講，贏得樂透的刺激已經遮掩了其他日常活動所帶來的快樂。如同我們可以快速習慣環境上的正面改變，對於環境的負面改變，我們在心理上回復原狀的速度也快得驚人。這是一種恩賜，但也是一種詛咒。我們可能很高興自己可以在生命裡的悲劇中回復，但是也很討厭地發現如果我們真的成功了，我們所有努力的成果很快就被視為理所當然。

相同的效應也發生在金錢方面。當人們的薪水增加了，他們一開始時會覺得很高興，但是很快地，就會習慣已經得到改善的環境，長期來說，並沒有變得比較快樂。這個理論也適用於國家整體，當國內生產毛額（GDP）增加時，人民的快樂程度並沒有增加。

直觀來說，「習慣性」理論是很難令人信服的。當我們把自己設定到未來——比方說夢想著下星期會中樂透——好像我們無法想像自己會習慣那些隨之而來、令人興奮的新狀況的部分原因是，我們在預測未來的情緒方面，似乎出現了一個奇怪的缺陷。我們預測自己對一般事物的情緒反應是很拿手的：例如，知道飄浮的感覺會比溺水的感覺好；飛行會比墜機好。比較困難的就是預測事情會讓我們感覺多好（或多壞），以及這種感覺可以維持多久。我最近一次搭飛機時，坐在一群青少年附近，很明顯地，大部分這些人是第一次坐飛機。他們對每一件事都感到很興奮：起飛、從飛機向下看阿爾卑斯山脈、亂流、降落，甚至對機內安全須知也很好奇。這些青少年可不可能想像這些事情在未來會變得很無聊？這就是心理學家所謂的「失敗的『情感預測』」。雖然我們很快就可以對生活中的高潮或低潮感到習慣，這種情況還是一再發生，而我們似乎並沒有從經驗中學到教訓。

我們就是很健忘、容易覺得理所當然

讓我們看看哈佛大學丹尼爾．吉伯特（Daniel Gilbert）所做的研究。在實驗中，研究人員要求人們預測各種負面事件會對他們產生什麼影響。參加實驗者被要求想像，如果他們結束了一段感情、閱讀有個小孩夭折的故事、或是找工作失敗時會有什麼感受。實驗結果一次又一次地出現相同的模式：人們預測自己的感受會比真實發生的感受還要嚴重。人們對於嘗試預測自己對正面事件的反應，也會犯下相同的錯誤。雖然升職、新車、或新感情可能會讓我們快樂一陣子，但是我們很快就會習慣。

但是如果我們一直過度預測事件對我們的影響，而且一直去適應這些改變，為什麼我們都學不到教訓呢？最簡單的解釋可能就是最好的解釋：我們很健忘。我們不記得自己在過去對未來感覺的預測，相反地，我們用此時此刻實際的感受來代替自己的預測。我們的感情一直都會駐留在當下，將未來可能發生的一切與當下情況做比較。

請你仔細想一想，相對來說，環境或狀況改變不太會影響到我們的快樂指數其實是個好消息。這是因為要對工作、家庭、收入或其他現況做出大改變是很困難的一件事，我們對於天生的遺傳基因就是無可奈何。當我們把遺傳基因與現況的因素去除，就只剩下每天的例行公事，而其中也包括了習慣。比方說在公園散步，你的情緒就覺得好一點；在通勤時卡在繁忙的交通中，你就覺得情緒很差；放你最喜歡的音樂，你就覺得舒服一點等等。用比較粗糙的說法，如果你把這些高高低低的情緒加總在一起，所出現的就是在你遺傳基因以及環境的限制範圍中、屬於你的幸福指數。

這一切都說明了如果我們選擇了正確的習慣，在某種程度上，就可以掌控自己的快樂。但是我們應該要培養哪些習慣呢？你會有一些一再讓你感到快樂的特定習慣，如摺紙、園藝、聆聽藍調音樂、或是什麼事情都不做。這些習慣都很好，但是心理學家找尋的是比較廣泛可以被大眾接受的習慣；也就是說，他們找的是能讓大部分人感到快樂的習慣。

快樂良方1：練習感恩

心理學家測試了許多不同的活動，其中有些活動一再顯示可以天天改善我們的感受。這些項目包括增加正向思考以及社交關係、處理壓力問題、活在當下、不氣餒地為目標努力及練習感恩。心理學家宋雅．陸伯默斯基（Sonja Lyubomirsky）在她所寫的一本精彩好書——《快樂的良方》（*The How of Happiness*），就詳細地介紹了這些方法。讓我們用「練習感恩」做為例子，雖然它闡述的是快樂習慣的問題，但是事實上，它所敘述的是一般追求幸福的問題。

「練習感恩」現在已經是相當知名的練習方法，而且有許多研究都以這個題目作為研究主題。就跟本書中討論的其他實驗一樣，感恩效應的測試方法，通常也是把對照組與其他組別的成員做出比較。比方說，一個典型的研究模式就是把參加實驗者分配到以下三組組別：

1．第一組組員被要求寫下上個星期讓他們覺得最感恩的五件事。這個活動要連續實行十個星期。

2．第二組組員被要求寫下上個星期發生的五件日常麻煩事。

3．第三組成員只需要列出上星期發生的五件事，但是沒有規定他們所寫的事是正面的或負面的。

在一項使用這個模式的研究中，人們列出感恩的事項包括看到雲彩中露出的夕陽、能夠活著，以及慷慨的朋友。麻煩事方面的清單則是包括所得稅、找不到停車位、把焗烤起司通心麵烤焦了。

做了感恩練習，然後呢？

——研究的結果顯示「感恩」的效應居然是出奇地強大。與其他兩組成員比較，注意到每星期鼓舞人心事件的人在朋友面前表現得比較快樂。他們也對未來比較樂觀、對生活感到比較滿意、甚至在跟那些寫下麻煩事或事件的人比較之下，這些人每星期幾乎還比他們多做了一個半小時的運動。

「練習感恩」會有用的原因很多，其中包括它會鼓勵我們想到與他人的聯結關係、幫助我們珍惜及享受每一天、而且讓我們比較習慣正向思考。陸伯默斯基鼓勵大家應該用對自己最有用的方式來練習感恩：有些人發現寫感恩日記對他們有用，其他人則認為只要想著自己覺得感恩的事物就夠了。

很不幸地，這個方式有一個很大的缺點，而這個缺點就是「習慣性」。我們所做的任何增進快樂的活動，如果它最後完全變成例行事項，我們很快地就會變成不知不覺、忘記它的存在。請想像一下你聽到自己用無聊、單調低沉的聲音念誦著：「我感謝我的伴侶愛我、感謝老闆給我工作……」說這些話的同時，部分的你已經開始想中飯要吃什麼，以及講完這些胡謅的感恩謝辭還要多久。經過幾年的重複，這個方法已經不再給你增加太多的幸福快樂之感。但是這就是建立習慣之後的自然結果。相同的情況也發生在你看第一百次你最愛的超人英雄電影，那種感覺就不可能跟你第一次看到這部電影時那麼令人投入。

對某些習慣來說，它們變成一種自動、不知不覺的行為是沒有什麼大礙的；相反地，這樣反而是一個優點。例如我在用牙線時，我會很高興把大腦用在思考其他的事項上。

但是還是有很多其他例行活動是我們一方面想繼續保持，另一方面也不希望它們會失去當初的吸引力。

克服快樂經驗自動適應：變化

——

壞消息不是到此為止：這也就是為什麼這個缺點會如此之大的原因。我之前說過人們會適應不管是好的、或是壞的生活環境轉變。除此之外，我們還有一點小問題：與不好的生活轉變經驗比較之下，我們似乎比較可以快速地適應好的轉變經驗。換句話說，我們失去好習慣帶來的快樂比壞習慣所帶來的痛苦還要快。這種情況真是令人討厭，但是並不是完全無法克服。根據正向心理學的研究，**我們想要打敗對「快樂經驗的自動適應」的方法之一，就是謹記以下這個古老諺語：「變化是生活的情趣」。與其一再重覆會讓我們快樂的活動，如果可以讓這些活動多一點變化，我們就可以持續地摘取快樂的果實。**

但是這會需要一點特意的計畫與創意。比方說我很喜歡騎單車，雖然我固定會去騎單車，但是我會儘量用各種方式在這項例行活動中加上一點變化。比方說我可以今天用順時針的方向繞著公園騎；明天則用逆時針方向騎；接著我就用8字型的方式騎；再來，我乾脆不到公園去騎。當天氣（或陽光）好的時候，我會在不同時間出門騎單車。我也試著聽不同的音樂、在不同的地點停下來休息。換句話說，在這個固定的例行活動中，我會想盡辦法創造一些不同的變化。

把這類以及針對增進快樂感受設計的變化加入你的習慣中，可以有效降低因習慣性所帶來的效應。這個理論在坎能・薛爾敦（Kennon M. Sheldon）與宋雅・陸伯默斯基所做的一個研究中得到證實。他們要求參加實驗者在生活中做出一些小改變，例如參加社團或運動團體，然後回報這些改變為他們帶來多大的生活變化。當在事後測驗這些人的快樂指數時，那些以高度變化及高度自覺參與活動的人，在快樂指數上增加最多。

快樂良方 2：想像未來最好的自我

相同的效應也出現在研究證明有效的所有增進快樂的活動中。另外一個快樂的習慣就是想像你自己最好的自我。這個練習典型是需要想像你自己在未來的生活，但是這個未來必須由所有應該順利成功的情況所架構而成。也許這聽起來像是純粹幻想的練習，但是其中很重要的就是這個幻想必須實際。**你先想像已經達到你所設定的實際目標，接下來，為了幫助鞏固你的想像，你把未來最好的自我寫在紙上。這個練習是借用一個已**

經證實有效的練習——把你藏在心靈最深處的思維與感情毫無保留地寫下來。

有一項研究這項活動的實驗要求參與者連續四天、每天用二十分鐘寫下「未來最好的自我」。這個小組會跟其他三組比較，以下就是其他三組所寫的主題：一組寫的是「中立的主題」、一組寫的是「帶來傷痛的生活事件」、另一組是寫「帶來傷痛的事件」以及「未來最好的自我」。結果顯示與其他所有小組比較，那些只寫「未來最好的自我」的人在「主觀幸福感」的表現上進步最多。甚至在五個月之後，這項練習的益處居然還可以被完全檢驗出來。其他研究也顯示：在過了更長的時間之後，這個練習的好處依舊存在。

但是再一次地，為了保持這個快樂習慣所帶來的幸福感，「變化」是不可缺少的。選擇不同的日子、不同時間、書寫不同的主題；有時候寫的日子可以是短期的、有時候可以是長期的；坐在不同的椅子、公園、火車、甚至站著都可以寫。不管是怎麼做，只要確保自己在對抗習慣性就可以。

快樂良方 3：珍惜

另外一個證明可以增加幸福感的快樂習慣就是「珍惜」。我們有個壞習慣，就是認為生命中所有美好的事情，都會在未來得到。聰明、勤奮、認真、成功的人，都告訴自己他們是在為美好的未來而努力打拚。某種層面來說，這是一個很好的習慣，因為它會鼓勵我們投入長期計畫，並且避免當下的一些危險的誘惑。但是你的專注點很容易就變成太注重未來。換句話說，你最後可能變成犧牲當下的快樂，等待著一個永不會到來的想像未來。或者更糟的是：美好的未來已經來到了，但是你卻沒有注意到。

「珍惜」的快樂習慣很簡單，就是要把你的思緒拉回、強迫自己專注於生活中美好的事物，也就是所謂的「停下來聞玫瑰的芳香」（從忙碌生活中找出時間體會、欣賞生命的美）。這是人類自然的行為，但是以下四種方式是被經驗證實過的：第一、表現你的感情。第二、活在當下。第三、與他人共享正面的活動。第四、讓樂觀的思緒神遊。這些都會是讓神思專注於會帶來正面感受思維的方式。

但是很不幸地，人們也會自然地行使四個相反、幽暗、鬱鬱寡歡的習慣。與其表現出我們的感受，有時候人們不喜歡表現他們快樂的情緒。不管是因為害怕、害羞、或是謙遜，人們會去隱藏自己的正面情緒。與其是處於當下、或是享受正在發生的活動，我們的思維會習慣性地飄向遠方，而且很不幸地，這些思維常常會停留在我們所擔心的事情上面。這個舉動就會壓制我們正面的感受。有些人不但不會慶祝自己的成功，還會習慣性地找碴。他們會對自己說，沒錯，這樣是不錯，但是這事還可以更好。這種心態比較容易降低對生活的滿意感、樂觀的態度、自尊以及快樂。結果這一半的思緒神遊也一樣容易帶我們回想過去的窘境、或是未來令人煩惱的狀況。

在一項研究中，這四個正面、四個負面的八個策略中，就被拿來做比較。在實驗中，人們被請求想像他們會如何回應快樂的經驗，這些經驗包括周末到外地度個小蜜月、或是在健行時發現了一個美得令人讚嘆的瀑布。結果顯示，正面思緒的神遊以及活在當下兩種狀態，會與最快樂的事情產生最強的聯結。對生活的滿意程度方面——也就是我們對自己生活狀態的評估，其最好的「珍惜」策略就是「慶祝勝利」。根據這項研究，再也沒有比慶祝勝利能幫助我們覺得活得很幸福。在另一方面來說，沒事找碴、讓思緒胡亂想到負面事件，最容易降低我們對生活的滿意度。

這項研究並沒有告訴我們何時行使這些快樂習慣，但是似乎「多樣化」是很重要的。仔細研究的話，兩項「好」的策略其實是矛盾的：一個是專注於當下、另一個是讓思緒飄移神遊。但是他們發現到最有彈性使用這些策略的人，會體驗到最多的快樂。很可能如果你已經常常用其中一個策略，習慣性的練習使用另一個策略會增加你的彈性，讓幸福指數以及對生活的滿意度都得到提升。

這裡提到的只是幾個可以培養更多幸福感的習慣種類。其他也經過證實可以增進幸福的快樂習慣還包括「投入」愛心的活動，以及知道如何使用個人力量。就跟其他新習慣一樣，快樂的習慣也必須符合你自己的個性以及所處的狀況才會有效，如果你感覺不對、或是你覺得方式沒有用，那你就要換一個習慣。這項研究只是建議哪些活動對一般或大眾來說是最好的，對你自己而言，很可能有些方式會比其他的策略有效。

•••

研究快樂習慣可以給我們上一堂很寶貴的課。它提醒我們說自己已有的好習慣以及我們選擇想要增加的新習慣，很容易就會被我們遺忘、變成每日必做的事項之一。我們本來覺得十分享受的事情，例如泡一杯茶，或是在附近散步，會隨著時光的流逝，變得索然無味以及無感。隨著自動性的增加，我們活在當下的感受會消退。我們會覺得自己不是那麼真正地活著、對周圍世界視而不見，並且跟我們的經驗失去了聯結。我們的神思從我們正在從事的活動中飄向他方、反覆思考自己的過去以及對未來的憂慮。

學習念念分明，專注在此時此刻

這個說法在馬修．克林渥斯（Matthew Killingsworth）與丹尼爾．吉爾伯特（Daniel Gilbert）的研究中就得到了證實。他們有幾千個參與實驗者利用一個手機應用程式追蹤他們的快樂指數。這個應用程式會在一天中不定時地打斷他們正在做的活動，並詢問他們三個問題：⑴你現在覺得怎麼樣？⑵你現在正在做什麼？⑶你是不是正在想著除了自己正在做的事以外的事？

被詢問這些問題的那一刻，幾乎有一半的時間這些人都在胡思亂想、不注意自己正在從事的活動。其中百分之四十三的人都想著快樂的內容、百分之二十七想著不快樂的事件，剩下的人都是想著比較中立的主題。他們唯一不讓自己分心的時候，就是在享受性愛的時候。分心想著中立主題及不快樂事件的人合起來占了百分之五十七，有趣的是，跟他們不管正在從事什麼活動相比，想著這兩種內容的人都感到相當不開心。就算他們腦中有著快樂的想法，一旦跟他們完全投入從事活動的感受相比，他們也不會覺得比較開心。他們感到最快樂的事就是性愛，接下來是運動，之後是社交活動、玩樂、聽音樂、走路、吃東西。在這個天平的另一端，最讓人不悅的習慣則是工作、使用電腦、通勤，以及梳理打扮。

這個結果很明白的告訴我們習慣的危險。人們的感情常常會跟他們慣有的活動脫離，而行動電話的實驗也證明了相同的觀點。當我們從事一些習慣行為如通勤、做家事、購物、及吃飯，我們的思慮很容易就會遠離當下。雖然我們的思慮有可能會想到快樂的事情，但是在現實上好像不是如此。相反地，一般說來，人們常常會去想到讓他們比較不快樂的事情。這表示說不管是何種活動，我們的快樂是因為我們從事這項活動而產生。

說實在的，培養或戒除習慣只是一個開始。要想發展出一個真正令人完全滿意的快樂習慣，所需要的不只是反覆從事、維持這個習慣而已。我們必須想方設法、持續調整、稍稍扭曲自己的習慣，以便讓它保持新鮮度。同時，我們必須避免讓自己分心，以及陷入隨之而來、令人不快的情緒。奇怪的是，在每日例行公事所做的小小改變，就會給我們帶來很大的快樂。當每天都是一成不變時，生活就會變得很無聊。我們必須注意、試著了解我們的習慣，但在同時，我們也必須擺脫習慣的影響，持續努力找到可以改變、改善、或調整習慣的方法。

打造有知覺的習慣

我們窺探的範圍只有一部分是習慣性的。我們可能會因為特定情境的暗示、固定的在某種情況下從事一些行為，但是我們應該每次在做這些活動的時候，加入一點變化。請想像一位唱歌劇的歌唱家準備唱她已經演唱多年的同一首詠嘆曲。所有暗示她唱歌的環境元素都一樣：她身處在歌劇院、觀眾席一片寂靜的聆聽、樂團的配樂已經來到相同的一個音節、她張口開始演唱……這次出現的聲音卻跟以前稍微有點不同。她找到了一個新的音調或韻律，這是在以前表演中沒有出現過的微妙變化。因為這個轉變，觀眾從習慣性的思維覺醒、來到當下。突然之間，他們重新認識了這首已聽過多年的歌曲。這就是為什麼觀眾要參加現場表演、歌唱家要繼續演唱：因為他們想在熟知的事物中發現新意。

這些想法擴大了習慣以前的定義——也就是在相同狀態下的相同行為或想法。對於快樂的習慣而言，我們需要在稍微不同的情境、從事稍微不同的行為，並且讓這個習慣昇華。戒除或培養新習慣只是第一步。最理想的狀況就是要行為自動啟動，接下來就是要靠我們留心、持續地調整習慣，以利我們執行習慣。這就是嶄新的混合習慣：有知覺的習慣。

當然了，我們已經很自然地發展出許多「有知覺的習慣」。當我們回到家，可能很習慣地打開冰箱、看看有什麼好吃的，但是，誰知道我們可以做出什麼樣的全新好料理？當我們在街上看到一個朋友，我們會自動地跟對方打招呼，詢問對方的近況，但是，誰知道這段談話會帶來什麼樣的內容？自動、不知不覺的習慣只會讓我們往正確的方向前進；我們要靠有知覺、意志力及創意的自我來決定自己的目的地，以及如何到達的方法。

習慣可以是一種個人的保守態度——如果習慣完全主宰生活，我們就會被禁錮在一成不變的無聊、常規生活中。習慣也可以將我們從日常生活每日例行事務中解放出來，並且讓我們了解自己的全部潛力。我們所要面對的挑戰就是要認清哪些習慣會讓我們無功而返，以及哪些習慣可以帶領我們體驗到有趣的新經驗、快樂、以及個人的成就感。

你要從哪裡開始？

欲瞭解更多詳情，請參考我的個人網站：PSYBLOG

書中探討的主題，有一些是在我的網站「PsyBlog (www.psyblog.co.uk)」先行討論過的。一如既往，我會固定在這個網站持續撰寫有關大腦、心識如何作用的科學研究。

謝辭

本書依賴許多科學研究為論證，所以我最要感謝的是從事這些研究的科學家。他們的成就，啟發我寫了這本有關習慣的書。

幫助我實際集結出書，我要感謝露芭．歐士塔薛瓦斯基、丹妮爾．斯瓦特可夫，以及約翰．雷斯維克。另外，我也要感謝我的姊妹沙菈和愛麗絲，我們那次在小酒吧的談話也給予我出書的靈感。

一如往昔，我要將愛與感謝獻給米娜，因為她一直敦促我向前邁進。

好想法 / 002

其實，你一直受習慣擺布

為什麼只是改變習慣步驟，就能變得更有創意、成功塑身、工作有效率？

MAKING HABITS, BREAKING HABITS

WHY WE DO THINGS, WHY WE DON'T, AND HOW TO MAKE ANY CHANGE STICK

作者／傑若米．丁恩（JEREMY DEAN）
譯者／呂亨英
主編／魏珮丞
責任編輯／魏珮丞
裝幀設計／井十二設計研究室
內頁排版／健呈電腦排版公司
寶鼎行銷顧問／劉邦寧

發行人／洪祺祥
第一編輯部總編輯／林慧美
法律顧問／建大法律事務所
財務顧問／高威會計師事務所
出版／日月文化出版股份有限公司
製作／寶鼎出版
地址／台北市信義路三段 151 號 8 樓
電話／（02）2708-5509 ｜傳真／（02）2708-6157
客服信箱／ service@heliopolis.com.tw
網址／ www.ezbooks.com.tw
郵撥帳號／ 19716071 日月文化出版股份有限公司

總經銷／聯合發行股份有限公司
電話／（02）2917-8022 ｜傳真／（02）2915-7212
印刷／禾耕彩色印刷事業股份有限公司

初　　版：2014 年 5 月
初版二刷：2014 年 5 月
定價：320 元
ISBN：978-986-248-381-7

國家圖書館出版品預行編目（CIP）資料

其實，你一直受習慣擺布：為什麼只是改變習慣步驟，就能變得更有創意、成功塑身、工作有效率？
傑若米．丁恩（Jeremy Dean）著；呂亨英譯．
-- 初版．-- 臺北市：日月文化，2014.05
288 面；14.8×21 公分．--（好想法；2）
譯自：Making habits, breaking habits : why we do things, why we don't, and how to make any change stick

ISBN 978-986-248-381-7（平裝）

1. 習慣／ 2. 行為改變術

176.74
103004091

好想法　相信知識的力量

the power of knowledge

寶鼎出版